「あざとい」伝え方入門

山本御稔

日経プレミアシリーズ

はじめに　「あざとい」は進化の過程なのだ！

「隣の席のあいつ……いいやつなんだけど……まあ、ぺらぺらとしゃべりまくるんだよ。必要なことだけを簡略に伝えてくれればいいんだけど。まったく、どうなっているのか。明日も出社なんだけど、また、あいつが隣の席にいて、ぺらぺらと話すかと思うと嫌になるよ」と、4人の飲み会で1人が話している。

もう1人が言う。「そういうお前もさっきからぺらぺらとしゃべりまくりだな」。「あれ、そうだっけ」。4人が笑う。

私たちは、日々、何らかの形でコミュニケーションという〝伝え合い〟を行う。単に双方向のやり取りにはとどまらない。誰かに何かを伝え、伝えられた方は、その何かを理解する。あるいは、別の誰かに伝えていく。こうして輪が広がっていく。

コミュニケーションとは、そもそも声を出し、それを言葉として伝えることで始まった。口があり、声という音を出し、それを聞くということができるからこそコミュニケーションが成り立つ。

もっと時代をさかのぼれば、地球にそもそも空気があり、その空気の振動によって音が出て、声になるから、人と人との伝え合いが可能となり、それが今のコミュニケーションなのだ。なんだか壮大だ。

「伝える」と言うことは太古の昔から今までにわたり、世代を超えて引き継がれ、人間の進化に大きな役割を果たしたのだ。近時、ＡＩの進化とかロボットが覇権を握るとかという話もある。しかしながら人間同士で伝えることがどれだけ優れているかを考えればＡＩがそれに追いつくにはかなりの時間がかかるだろう。今の、コロナ禍の状況を踏まえれば、まずは人間同士のコミュニケーションの進化が圧倒的に必要だ。

このように人間による伝え方は圧倒的に優れているのだが、冒頭の会話みたいにどう考えても「それ、いる?」みたいな無駄話もある。進化しているのであれば「無駄話はいらない」はずなのだが、進化すればするほど、時間が経てば経つほど、伝え合う人間の数が増えれば増えるほど、無駄話も増えているのだ。

進化論によれば「進化は無駄を取り除く！」というはずなのだが無駄話が増えているということは、私たちの判断が間違っていることになる。人間が無駄だと思っているのが間違いで、実は進化の過程なのだ。私たちの日々のどんなやり取りも、それは進化なのだ。

今、私たちの伝え方に新たな進化が見られる。それは、本書のタイトルに含まれる「あざとい」だ。「あざとい」ってズルいとか、性悪とか、ごまかしのような感じはあるが、あざとさがあるから伝え合いができるのだ。コミュニケーションを継続させるために伝え方を進化させた――それが「あざとい」伝え方なのだ。

というわけで、筆者としては〝「あざとい」は進化の過程〟だと考える。そのあざとく進化する伝え方を、心理学、行動経済学といった学問分野とこれまでの社会人としての経験をもとに記すこととした。それが本書である。

本書はそもそも日経産業新聞の連載として2018年から記した「コミュニケーションのつぼ――人と組織の動かし方」をベースにしている。その内容を日経BP日本経済新聞出版本部の細谷和彦氏の多大なるご協力をもって書籍化することができた。ここに細谷氏、日経産業新聞のご担当の方々に感謝する。

また、コア・コム研究所の主席フェローの勝島一氏の協力にもお礼申し上げる。

2022年1月

山本　御稔

目次

はじめに　「あざとい」は進化の過程なのだ！　3

第1章　心理学で相手の心をつかめ……………………13

相手にお得感を与えて人を動かす
「11時間働く」は嫌がられ、「13時間自由」は好まれる
3割勝てばヒーロー
1杯1万円のコーヒーがなぜ売れるのか
社長とのコミュニケーションに起こる問題
海ではなくて会社にもぐる――サンクコスト
まず怒りを伝えることで冷静な対応ができる
退職後のコミュ障の原因は

「オレオレ詐欺」に抗うコミュニケーション
メールでのやりとりの注意点
「現在バイアス」を変革する
柔道に学ぶ「受容コミュニケーション」
1億円の価値とは
「だから」ではなく「なるほど」
「無頓着」は大きな武器
非合理が合理になるケース

第2章 ＡＩの発達が人間のコミュニケーションを変える？ …………………… 59

ＡＩが人の役割を変える
「エンゲージリング」って何だ？
コミュニケーションの質を評価
ＡＩとの共生

サルの進化にコミュニケーションあり
価格交渉というわずらわしさから解放
緊張やストレスはロボットが代替？
喜怒哀楽をコンピューター任せに
ウェブ会議を円滑にする「信号機」
ウェブ会議では主語・述語を明確に
A氏の嘆き——相手の反応が分からない

第3章　プレゼン力は五感を交えて……91

プレゼンを成功させる4つの要素
「秘伝のたれ」と「10秒のたれ」
光を使ったプレゼン手法
タイガー・ウッズの勝つ「秘策」
「否定から肯定」で人は伸びる

第4章　「仕組み」を変えれば伝える力が倍増⁉

55％は見た目が勝負
非言語コミュニケーションの勧め
集中は30分しか続かない
4つの視点を柔軟に行き来する
五感をコミュニケーションに取り入れる
「1／f のゆらぎ」を起こせ
ランチ代は収益次第
座ったら会話、PCは立って操作
好調な時こそ不調時を議論する
コミュニケーションの代理人？
コミュニケーションが記憶を定着させる
ディスカッションが記憶を伸ばす理由

「Fアプルーブ」の勧め
本を「読む」だけではダメ
片道のコミュニケーションを作っていないか
片道コミュニケーションの〝じこじこ〟
高齢者に取り入るコツ
企業内ラビットの採用
対話で気をつけたい「WHO」
コミュニケーションのハラスメント
キャディをビジネス現場にも
うまく話せない人への対処法
思考が広がらない一問一答

第5章　思考のちょっとした変化でこんなにも伝わる ……… 171

ちょうど質問しようと思ってたのに！

失敗談を語ろう
失敗談から人は信用を得る
ノイズかシグナルか――嫌いなものを話し合うコミュニケーション
デメリットもメリットになる――判断は一様ではない
先験的確率と経験的確率
合理性とイリュージョン
おばけ屋敷はなぜ怖いのか
コミュニケーション危機は11月に
ウルトラマン、3分の理由
「テンションマックス」の意味
緊張と弛緩の「無限連鎖」――テレワークは効率的なのか
テレワーク体操で孤立脱却？
あなたの近くにもいる「四つ葉のクローバー」
農業とコミュニケーションの意外な接点
料理とコミュニケーションの共通点
一歩下がって二歩進む――最後に一歩進めばよい

第1章

心理学で相手の心をつかめ

相手にお得感を与えて人を動かす

米ニューヨークの見所といえば、エンパイアステートビルとセントラルパーク、そして自由の女神ではないだろうか。

筆者が初めて自由の女神を見た帰り道、土産物店に立ち寄ると2種類の自由の女神像が売られていた。一つは15ドル、もう一つは8ドルだった。店主は「15ドルの像なら5ドル値引きして10ドルでいいよ」と言う。

さて、ここで問題です。あなたなら値引きされた10ドルの像と、安い8ドルの像のどちらを買うだろう。筆者は10ドルの像を買った。

話は変わるがアンカー（いかり）について考えたい。船は港ではアンカーを水底に落として泊める。しかし、自動車やバスが停車した時のように完全に停止するわけではない。アンカーで停止した船は水流に流されながら、一定の範囲でぽわぽわと「浮遊」する。

船の動きに焦点を当てて考えてみよう。アンカーをおろした場所がまず決まり、その場所を中心に上下左右の水流に応じて船は一定程度動く。これを認知心理学（あるいは行動経済学）ではアンカリングと言う。

自由の女神の価格に話を戻そう。筆者は値引きされた10ドルの像を選んだ。8ドルの像に比べれば2ドル高いのだが、頭の中は「15ドルのものが5ドルも安くなった」という「得した感」でいっぱいになっているのだ。

それではこの自由の女神像のアンカリングについて考えよう。8ドルの像に動きはない。15ドルの像は動いて5ドル安くなった。この価格低下のアンカーの動きに私たちは影響される。そして私は8ドルよりも高い10ドルの像を購入してしまった。これがアンカリング効果と呼ばれるものだ。

最初にアンカーをおろす。するとそのアンカーを中心として物事が動く。女神像の場合には15ドルにアンカーをおろすと10ドルが安く思えてしまう。アンカリングでより高いものが売れるようになるのだ。

しかし、アンカリングにはテクニックが必要だ。それは常識や良識から逸脱しないということだ。もしも50ドルと8ドルの女神像の比較なら、5ドル下げて45ドルにしても、8ドルの像とは比較にならないだろう。10ドルと8ドルという価格差だからこそ通用するわけだ。

企業に勤務することで組織的な行動が求められる私たちも、アンカリングについての知見を高める必要がある。最近ではアンカリング効果は長続きしないという研究成果が明らかにされている。

効果は時間的には数時間、タイミング的には1回だけと言われているのだ。企業という組織がいったんアンカリングに成功しても、それを受け止める個人はすぐに二度と関わらなくなる。目先の短期的な行為により、長期的な関係を失う。これは企業という組織が望むことではないのだ。

さて、筆者が購入した自由の女神像の話にはオチがある。15ドルも8ドルも、どちらの像も日本製だったのだ。そしてどちらも日本では約500円、当時の為替レートでは約2ドル程度だった。最初から日本製だとわかっていれば、私にもアンカリング効果は働かなかっただろう。

「11時間働く」は嫌がられ、「13時間自由」は好まれる

2021年は東京五輪・パラリンピックに皆が夢中になった。マラソンでは大迫選手が奮

闘したが、以前メキシコシティー五輪のマラソンで銀メダルに輝いた君原健二選手を皆さんはご存じだろうか。

君原選手の懸命の走りには当時、日本中が感動した。君原選手の言葉として有名なのは「次の電柱まで走る」だ。マラソンは42・195キロメートルの長距離だ。最初から走り方を考えていても、長い距離によって状況はどんどん変化する。思ったように進まないことの方が多いだろう。

そこで、君原選手は考えた。「ともかく次の電柱まではどんなに苦しくても、つらくても走る。そして、電柱に達すると、その次の電柱に向かって走り続ける」。こうして君原選手は銀メダルという偉業を成し遂げたという。

君原選手だけでなくマラソン選手は終わりなく走る努力をする。しかしゴールは存在する。「人生100年時代」である。少し前までは60歳だった年金の支給開始が現在は65歳であり、70歳になる可能性も出てきている。

マラソンは42・195キロと決まっており、「今年のオリンピックは選手が元気なので52・195キロにします」ということはありえない。マラソンではありえないが、企業勤務を70歳まで、さらにその先まで延ばすということはありうるのだ。

認知心理学で面白い実験がある。1日は24時間だ。そのうち8時間を睡眠に充てる。食事は1回1時間として3時間。風呂、掃除などに2時間かけるとすれば合計13時間となる。それでは「残りの11時間はすべて企業勤務にしましょう」と提案すると、大半の人は拒否するだろう。「長すぎる。もっと短くしてほしい」

なぜ拒否するかと言えば、実験の状況は1日すべてを勤務に充てている、つまり走り続けていると考えるためである。睡眠、食事、風呂などの当然必要な13時間は休憩ではなく、人間として必須の時間であり、走っていることとほぼ同じ感覚の時間なのだ。

当然、必要な13時間なのだが次の提案だと結果は異なる。「企業勤務は11時間にしましょう。それ以外の13時間は自由です」と提案すると拒否は大幅に減少する。どちらも状況は同じなのだが、前者は走り続けることが必須と認識され、後者は走り続けなくてよい時間があると認識されるのだ。

人生100年時代で、70歳退職が現実となっても、走り続けること、勤務し続けることを要求するには無理がある。こういった状況の下で新たなトライアルが始まったある大学教育をご紹介しよう。

基本的に50歳程度の人を新たに大学に受け入れる。学生は学ぶだけではなく、これまでの経験を論文としてまとめる。ここに2つの効果が生まれる。50歳の大学生には20歳以降に忘れていた学びに取りくむ真剣さが生まれる。また、論文を書いて発表することにより、自らの経験値を評価し、次に利用できるようになる。

論文をまとめる際には、学生同士で話し合う。若い学生とは異なり、50歳コースのコミュニケーションの活発さはすさまじいそうだ。このコミュニケーションにより、次の70歳までにやるべきことが見えてくる。新たに42・195キロを走る気概が生まれるのだ。人生100年時代に喜びを感じることができるようにする大学の取り組みを応援したい。

3割勝てばヒーロー

最近は中途採用が増えている。30年以上前、筆者が社会人になった昭和の時代は学卒で就職すれば定年まで勤務し続けるのが普通という時代だった。今は違う。新卒からわずか数年で転職することも当たり前といっていい。

複数の転職経験者に「なぜ転職したのか」と質問した。答えは「給与が低い」「上司が変」「仲間と合わない」「疲れた」など実に様々だった。その中で複数の人から共通した答えを聞いた。「勝てないから」というのだ。

一般的にプロ野球の打者が目標とする打率は3割とされる。100回バッターボックスに立ち、30本のヒットかホームランを打てば「すごい」と称賛される。視点を変えよう。バッターは70回は打てないのだ。7割は成功しないのに「すごい」と称賛されるのだ。

なぜ3割が成功になるのかを、知り合いの米国の大学教授に聞いてみた。その教授は個人的な見解としながらも「優れたバッターでも3割ぐらいしか打てないということが数十年かけた統計でわかったから」と説明してくれた。

教授は言う。「大リーグが始まったころは、打率が7割とか8割というすごいバッターもいたらしいです。しかし、選手の打席数や、試合の数が増えることで大数の法則が働くがごとくにバッティングの成功率が今の3割に落ちついてきたのです」

教授の言葉は続く。「でも球場の客はそうは考えません。7割がヒットもホームランも打たないという状態では観客が飽きてしまうのです。そのために、アナウンスが流され始めたそうです」。

今でも、バッターの登場とともに場内アナウンスはある。当時のアナウンスはこうだったという。「1番バッター　ジョーンズ　打率は3割3分3厘」。「ジョーンズは絶好調です」。これをプラス効果アナウンスというらしい。

このアナウンスが「ジョーンズは6割6分7厘が出塁できません」。これだと負けばかりのマイナス効果アナウンスだ。負けが6割でも勝ちが3割だとすごいということをアナウンスする。これにより観客の反応が変わるのだ。

バッティングに限らずに、何においても勝ち負け、成功失敗は必然だ。読者が働く企業でも売り上げや収益といった勝負が存在するだろう。そこで勝ちだけを維持することは不可能だろう。負けはかならず存在する。

企業内でしっかりとプラス効果アナウンスはできているだろうか。企業の業績がうまくいかない部分ばかりに焦点があたっていないだろうか。マイナス面に焦点を集約するのではなく、業績というヒットやホームランのプラス効果アナウンスというコミュニケーションにつないでいるだろうか。

マイナス面だけ伝えたところで、萎縮するだけだ。プラス効果アナウンスにより、企業内でも「勝てる、勝っている」という自信が生まれ、勤務することに花が咲く。転職の理由が「勝てないから」ではもったいないのだ。勝てることなどそうそうはない。3割勝てればヒーローなのだから。

1杯1万円のコーヒーがなぜ売れるのか

私たちは何かを買うときに必ず高いか、安いかを評価する。1杯のコーヒーの場合はどうだろう。200~300円なら「安い」と考え、500円以上なら「高い」と思うのではないだろうか。コーヒーに限らず、何についても私たちは必ずといっていいほど価格評価を行っている。

そうでない場合もある。「いつものコーヒー店」であれば「いつもの価格」が記憶されているために、いちいち高い安いといった評価はしない。こういった一定の価格が認識されている状態を、価格認識の肯定状態という。この状態にあれば価格を気にしない。表現を変えれば「価格認識の肯定状態を作れば、高くても買ってもらえる」ということだ。

さて、1杯1万円のコーヒーが販売されているとする。あなたは買いますか。うなずく人はそう多くはなさそうだが、実際にこれが売れているという。日本ではない。スペインでの話だ。筆者が教べんを執る大学院のスペインからの留学生が教えてくれた。

なぜ1万円なのか。コーヒー豆は南アフリカあるいはブラジルから取り寄せているというが、それでも1杯分は数百円程度だろう。どうやらコーヒーそのものの品質に1万円の価値があるということではなさそうだ。

この店でコーヒーを注文すると想定外のことが起きる。男女のペアが現れる。そして、フラメンコのダンスが始まる。すると、それまでコーヒーを楽しんでいた人たちが立ち上がりダンスを始める。ダンスは約1時間にわたる。ダンスが終わると客は去る。この店はコーヒー店である。なぜコーヒーとフラメンコがつながるのだろう。

価格というものを軸にして話を進めてみよう。コーヒーの価格は数百円だ。一方、フラメンコは高い。プロのフラメンコを楽しむには4万円程度はかかるという。1時間楽しめるフラメンコが1万円だと安く感じられる。

コーヒーだけだと数百円、フラメンコだと4万円という認識が、コーヒーとフラメンコが合体することで価格認識に一種の錯誤が生じ、心の中では「あれ、1万円って何のために払ってるんだっけ」という乱れが生じる。「そもそもコーヒーは必要だから肯定すべきだ」と考えたうえで、「さらにフラメンコも楽しめるのならこの1万円のコーヒーも肯定する」という感情が生まれる。これが価格認識の肯定状態だ。

最近、高価だと認識していたものを肯定するようになる現象が起きている。私たちはこれまでモノに対してはお金の支払いを認め、「モノではない」ことへの支払いは渋ってきた。この状況に変化が起きていることを示唆している。

モノ（コーヒー）に金銭を支払うのは当然だ。モノでないもの（フラメンコ）には金銭支払いが難しい。この2つの状態を合体すると金銭支払いについての拒否感が薄れ、肯定状態が生まれるのだ。

書籍や音楽にその動きが顕著だ。実物の本やCDなどを手にすることが少なくなり、PCやスマホでコンテンツを手に入れることで満足する。そのためのスマホなどの価格は考慮しない。これも肯定状態である。肯定状態はこれからもさらに進行するだろう。

社長とのコミュニケーションに起こる問題

数年前の話だ。日本の会社員が西アジアで石油の調査をしていた。その時に社長から電話がかかってきた。

「調査の進捗状況はどうだ」と聞く社長に対して、社員は「粛々と進めています。さすがに砂漠での調査は容易ではありませんが、一部で可能性の高い場所がわかりつつあります」と答えた。

社長は「そうか。本物だとありがたいね。石油の存在を探る調査にはおそろしい費用がかかっているからな。未確定でもいいから本物かどうか、今、教えてくれないか。株主や銀行がうるさいんだ」と言い出した。社員は「確実性は高いのですが、分析しないとわかりません。今未確定な答えを出すよりもう少し待ったらどうでしょう」と話したが、社長は納得してくれなかった。

皆さんは社長の要望にどのように答えるだろう。社員の判断をどう思うだろうか。社長が言うことだから、できるだけその考えに合うように回答するというのも一つの手だ。それとも、石油ではない可能性も残る中で「本物です」と答えたら先々問題になる可能性があるので待つのが正しいのだろうか。

本物であれば問題はない。しかし、実際に石油でなければ判断は間違いということになる。この間違いあるいは判断の欠陥・ミスは瑕疵《かし》と呼ばれる。瑕疵はおかしてはいけないことではあるが、意図的ではないために現実には普通に起きることだ。自分では間違いではないと思っていても、間違っていたということはよくある。人間には必ず起きるとも言える。

分析の結果、石油でなければどうだろう。「石油です」と言ってしまった社員は瑕疵となる。意図的ではないにしろ、石油という物質の判断を誤ったため物質についての判断の瑕疵となるだろう。社員としては待つことが瑕疵を避ける手段となる。

物質についての判断の瑕疵はある意味、解決策があるのだが、やっかいなのは心理的な瑕疵である。特に、最近、「Communication Defect」と呼ばれる状況が着目されている。Defectは日本語では瑕疵であり、コミュニケーション瑕疵ということだ。

社長は「石油だと言ってくれ」という趣旨を社員に伝えている。社員からすれば、社長からの願いだけにできるだけかなえたいと考えるだろう。この状況下では社員は「物質的に」

石油なのかどうかを判断する状況ではなく、心理的に「相手とのコミュニケーションに瑕疵がないように」と考えてしまう。本物かどうかという物理的なことではなく、本物だと報告しないと社長の意向に背くことになるからだ。

もはや、本物かどうかという物質的な瑕疵の問題から、心は、社長とのコミュニケーションが社長の意向に沿うためのものになっている。社長の意思に沿うか沿わないか、社長の意向に「瑕疵のない返答」をするかが課題になっているのだ。

コミュニケーション瑕疵は人間らしいものだ。相手の意向をくみ、相手の満足度を高めることで結果的に双方が望んでもいないコミュニケーション瑕疵が生じる。解決策として注目されているのがロボットだ。気遣いはないが瑕疵もない。とはいえちょっと複雑だ。

海ではなくて会社にもぐる――サンクコスト

「サンケンシップ」という小さな会社の話を知り合いの先生から聞いた。その社の社長の話だ。サンケンシップは日本語で「沈没船」あるいは「埋没した船」を意味する。大航海時代の話はご存じだろう。新大陸で金鉱を探り当て多くの金塊を得て、それを船で輸送する。途中で座礁したり台風に遭うと船は沈没する。沈没船には大量の金塊が残ったままだ。

沈没船とそこに残された金塊を探り当てて巨万の富を得る。これがサンケンシップ社のもともとのビジネスだ。金塊を探り当てるのにはロマンがある。このサンケンシップ社だが時代とともに変化し、今は沈没船ではなく新たなコンサルティングビジネスを行っているという。

沈没・埋没という事象は行動経済学のサンクコストを思わせる。サンクコストは日本語では「埋没費用」だ。

サンケンシップ社はもともとは埋没した船に眠っているかもしれない金塊を探し出していた。しかし、沈没船に金塊があるかないかはもぐってみないとわからない。これはロマンだが大きなリスクでもある。

例え話として考えていただきたい。あなたは中国のＩＴ企業に部品を輸出している。事業は拡大しており、あなたは輸出ではなく、中国に部品製造会社を立ち上げることにした。設立には30億円が必要で、すでに半額の15億円を支払った。

中国は米国向けの輸出が主力だ。両国に貿易問題が起きればすでに出資した15億円はリスクだ。埋没するかもしれない。追加で15億円を出資しなければならないが貿易交渉が進展するかはわからない。交渉がうまく進めばいいが、失敗すれば合計30億円の損となる。

最初の15億円をサンクコストとして中国の会社設立をやめるのか、もっと粘って益を得るのか、最悪30億円の損を覚悟するのか。結論はなかなか出てこない。この悩みを誰が助けてくれるのだろう。

サンケンシップ社はこのようなサンクコストへのコンサルティングビジネスを行っている。海にもぐり金塊を探すがごとくに、会社に〝もぐり込んで〟サンクコストにするのかしないのかを提示するのだ。

サンケンシップの社長は言う、「当社の埋没担当チームには20人ぐらいいますが、多くは60代後半から70代です。中には80代もいます。皆が長年にわたって実際に金塊を探した経験者です。経験豊富な判断力を、老獪なコミュニケーション力でコンサルティングします」。

海底までもぐることは命の危険を伴う。そのリスクを経験した人間は、地上でもサンクコストとしてすっかりあきらめるのか、まだ頑張るのかを冷静に判断できる。もぐる経験を50年、60年続け、70歳、80歳となる。リスク経験値の高さは価値である。

サンケンシップ社は、人生100年時代の日本へのヒントでもある。

まず怒りを伝えることで冷静な対応ができる

A氏は企業経営者。B氏はコンサルタントだ。B氏はこれまで半年にわたってA氏に様々な提案を行い、ようやく成約にこぎつけた。

A氏「わかりました。Bさんにコンサルをお願いします。コンサル料は1000万円ですね。契約を締結しましょう」

B氏「ありがとうございます。これから頑張ります」

ところが翌日のことだ。

A氏「Bさんすみません。やはり契約は白紙に戻します」

B氏「え、そんな……」

契約が成り立つと喜んでいたら、急に解除といった事例は決して珍しいことではない。あらかじめ契約が解除される場合には違約金を支払うという仕組みもある。だが、現実には今後のビジネスの可能性を勘案して〝泣き寝入り〟となることが少なくない。

B氏も「わかりました。今後もよろしくお願いします」と言うだろう。これが実態だ。「違約金を払ってください」と言えなくもないが、現実には厳しい。「払ってもいいけど、これで縁が切れるということですね」と言われかねない。

こちらの想定とは異なる返答と対応がクライアントから提示される。会社員であれば必ずと言ってもいいほど経験するこのコミュニケーションをどのように考えればいいだろう。

認知心理学ではこのような状況を「影響対応」と呼ぶ。コミュニケーションを通じて相手側から何らかの影響を受けた時に、どのように対応するかを示したものだ。

影響対応は2種類にわかれる。感情対応と戦略対応だ。感情対応とは今回の話のように、全く想定外の対応があった場合に、B氏がぼうぜんとし無言となるのではなく、感情に基づいてA氏とコミュニケーションすることだ。「Aさん、そんな無責任なことは言わないでください。怒りますよ」。これが感情対応だ。

一方、戦略対応は感情的にならずに戦略を立ててコミュニケーションすることを指す。「お考えの急な変化は何が理由でしょうか。コンサル料ですか、当方の対応ですか」。このようにA氏に聞き、その回答に対案を出す。これが戦略対応である。

読者ならどう対応するだろう。多くの人は戦略対応のコミュニケーションが良いと言うだろう。感情対応は当事者が相手に対して感情のままにコミュニケーションするだけだ。双方ともに感情対応となると、多くの場合はコミュニケーションがストップする。縁が切れるようなものだ。縁が切れてスッキリするとも言えるが、今後のコミュニケーションの機会をなくすこととなる。

ところが、最近は感情対応より戦略対応が望ましいという従来の考え方に変化が見られる。新しい対応はこうだ。感情対応を否定するのではなく、まず最初に感情対応を擁護する。B氏はA氏に怒りを伝える。するとA氏にも感情対応が起きる。感情対応から次のステージに移るためにB氏は戦略対応に切り替える。するとA氏の反応も戦略対応に移行する。

感情対応と戦略対応を繰り返すことで、ほとんどの場合は戦略対応が主軸になり、結局は双方のコミュニケーションが長続きするのだ。これは顧客だけではなく企業内のコミュニケーションにも使える方策ではないだろうか。

退職後のコミュ障の原因は

「いやあ、障害の可能性があるって言われてしまって」。筆者の友人の話だ。彼は有名企業で営業職の部長だったが、この3月に定年でリタイアした。

筆者とは長年の付き合いであり、彼がどれだけ冗舌か、どれだけお客様対応がうまいか、どれだけ社内で人気だったかを知っている。会話力がありコミュニケーション上手なのだ。その彼が悩んで筆者に問いかけてきたというわけだ。いったい悩みとは何だろう。

友人が産業医から指摘されたというのはどうやら言葉に関する障害ということらしい。端的に言えば話すことに問題があるということだろう。相手とのコミュニケーションが適切・的確にできなくなっている。これは大変だ。友人の許可を得て産業医に話を聞いた。

ところが聞いてみると友人の悩みと産業医の話は異なっていた。産業医は「このままの状態で長生きすると、うまくコミュニケーションできなくなる可能性がないわけではない。退職後もしっかりと〝人〟とコミュニケーションしてくださいと伝えました」と話す。もっともだ。

「RC症候群」という言葉を使って話を進めていきたい。皆さんは初めて聞く言葉だろうが、これは筆者が名付けたものだ。認められれば近い将来はみんなが利用するだろうと期待している。

RCとは「Retirement Communication」からとったものだ。企業を退職した人たちの退職後のコミュニケーションには、複雑で一定ではない症候群ともいえる状況が存在していることを示している。

これまで様々なコミュニケーションをとってきたクライアントや上司・部下、関係者などが退職でいなくなる。ここでのコミュニケーションとは話すことや文書を書くことなどすべてが含まれる。友人は退職によりこのすべてを失ったことで、会社時代のコミュニケーションの機会も失ったということだ。

「トライアル嫌悪」という行動経済学上の考え方がある。新しいことにトライした場合、成功すればいいのだが失敗したときの挫折に恐怖心が生まれ、結果として物事にトライしなくなることを指す。「後悔の嫌悪」とも呼ばれるものだ。

トライアルの嫌悪は退職した人たちに起きやすい。多くの人は企業内でコミュニケーションの知見を学び育ててきたために就業中のコミュニケーションは得意だ。就業中はわかっているとが多く自信もあるからトライアルの嫌悪はない。

ところが、退職してしまうと初めてのことが多くなる。近所の住人などとのコミュニケーションの機会も増える。すべてがトライアルだ。しかしトライアルには失敗がつきものだ。これまでの自信が打ち砕かれ、嫌悪が生じる。これが退職時に生じるＲＣ症候群なのだ。人生１００年時代と言われている。退職後の時間も長い。時代の変化に応じて楽しく、かつしたたかに生きていく。そのために必要なのは、何をおいてもトライであり新たなコミュニケーションのトライを恐れないことなのだ。

「オレオレ詐欺」に抗うコミュニケーション

電話をかける。何度かの呼び出し音の次に録音された言葉が聞こえて来る。「ただ今この電話は安心のために家族向けにも録音させていただいております」。そしてその後に「もしもし」と電話の主が電話に出る。

電話で「ただいま留守にしております」という返答メッセージがあるのはよくあること

だ。最近は録音していることを告げるメッセージが流れることも珍しくなくなった。しかし、ここでは「家族」というくだりが入っている。この不思議なメッセージは社会問題となっている「特殊詐欺」、俗に言う「オレオレ詐欺」の対策用に作られている。

「行動感染」という現象は認知心理学の基本概念だ。あなたが最寄り駅に向かって歩いているとしよう。突如、ざわめきが起こり、次の瞬間、あなたの前に駅とは反対方向に逃げるように走っている多くの人が現れる。この時、あなたは駅に向かって歩き続けるだろうか。

認知心理学的に考えると、あなたは理由はわからないが、とりあえずは駅に行くことはやめて立ち止まる。次に皆と同じ方向に向けて走り出す。これを行動感染という。

行動感染は誰にでも起きる。人間は多くの人の行動に自らも従うようにできている。リスク回避が根本にあるための行動だとされている。多くの人の行動に合わせていれば、自分もリスク回避ができるという発想だ。

行動に感染することでリスク回避ができればいいが、感染した行動自体の持つ意味の理解が欠けているか、十分ではないことがある。もしかしたら、たまたま駅の反対側に有名な歌手がいて、歌が始まるから慌てているということもある。リスクではないのだ。

行動感染は多数の人の行為によって起きるだけではない。信頼のおける人の行為によっても生じる。信頼のおける人とは誰かと言えばまずは家族だ。他人で言えば警察官なども含まれる。信頼性が心に組み込まれている家族と警察官の言動に感染する可能性は高い。「俺だよ、俺」と泣き声でかかってきた電話を受けた家族は、行動感染を起こして「俺」の言うとおりに行動してしまう。重ねて信頼度の高いとみなされる警察官から連絡が入って同様のことを言われると、感染したがゆえにそのまま振り込んでしまうことになる。

詐欺集団は行動感染を最も起こさせるための方法を把握している。認知心理学の領域を理解しているともいえる。知見を備えている詐欺集団の行為を止めるための効果的なコミュニケーションが「家族にも」という言葉なのだ。

詐欺集団は「オレオレ」と言えば、電話の聞き手がだまされて自分を家族であると認識するという認知心理学上の経験則をスタートラインとしている。しかしここに「家族」という言葉が入ると「偽りの家族」である「俺」、すなわち詐欺集団の持つ自信が弱まるのだ。「もしかしたら偽物の俺の録音を本物の俺が聞くかも」となる。詐欺集団が電話を切る可能性が高まる。詐欺にだまされるという行動感染とは逆の詐欺のやる気を失わせる行動感染と言えるのではないだろうか。

メールでのやりとりの注意点

ある会社の上司と部下のやり取りだ。

上司「先週のA社との商談の進捗はどうですか。うまく仕事がとれましたか」
部下「進んでいます」
上司「進んでいるとは具体的にどういうことですか」
部下「具体性を持って進めているということですが、何か問題はありますか」
上司「具体的で詳細な説明がほしいのですが、うまくいっていないのですか」
部下「そんなことはありません。お怒りになっているのでしょうか」

筆者は外資系企業に勤務しているこの上司から相談を受けた。「こんなやり取りがあったのですが、どう思いますか」。部長はこれ以上、部下とやり取りをしても仕方がないと判断して、コミュニケーションを打ち切ったという。

さて、このやり取りだが、上司と部下の電子メールによるコミュニケーションだった。

メールは基本的に文字のみで、音声はないし表情もない。文字にしか頼ることができない状況ではコミュニケーションにおける不和が起きやすい。私たちが面と向かってコミュニケーションを行う際には、相手の表情、声質、声量の3要素を含みながら情報のやり取りをするからだ。

まずは情報内容を把握する。会話であれば聞き取るし、メールであれば読む。この情報の聞き取り・読み取りが第1フェーズのコミュニケーションだ。以下、フェーズ・コミュニケーションをＰＣ（Phase Communication）と呼ぶ。メールは第1ＰＣで終了する。

第2ＰＣとは表情、声質、声量である。これは現実的な人と人との直接的なコミュニケーションだ。メールでは困難だ。メールに笑顔マークなどを加えることはできるが、本当の表情などを伝えることはできない。

第1と第2のＰＣの双方があってこそ真のコミュニケーションが成立する。メールだけに頼ることはクライシスの発端となりうる。このクライシスで考慮すべきは、コミュニケーションにおける否定要素への反応だ。企業におけるコミュニケーションは基本的にマイナス面が多い。端的に言えば困ったことについてコミュニケーションすることが多いのだ。

「うまく仕事がとれました」と部下が言えば、上司は「おめでとう」と言う。成功なのでコミュニケーションは終了だ。肯定で終了する。しかし、部下の「進んでいます」だけであれば、責任者である上司は部下の言い分が肯定なのか否定なのかがわかりにくい。行動経済学のプロスペクト理論においては、否定は肯定の2倍ほどマイナスととらえやすいという。

そして、冒頭の上司と部下とのやりとりを上司はつい否定ととらえて、ショックを受ける。プロスペクト理論の呪縛から逃れる手段は単純だ。メールではなく、電話や対面での直接のやり取りをすればいいだけの話なのだ。

近年、働き方改革の一環として在宅勤務が奨励され、メールでのやり取りも一段と増えている。改めてメールクライシスに留意すべきだろう。

「現在バイアス」を変革する

重要なことでも、未来となるとつい油断してしまう。この状況をコミュニケーションで解決できないかと頑張っている少女がいる。今回はその話だ。

ＳＤＧｓとは何か。読者には知っている人も多いだろう。国連サミットで採択された「持続可能な開発目標」のことだ。

もとはミレニアム開発目標（ＭＤＧｓ）が２００1年に設定され、その第2段階として２０１5年に「持続可能な開発のための２０３０アジェンダ」として設定された。ただ設定されたものの、進展は見られなかった。

ここで企業で働く読者にクイズを出したい。

(1)1年後の短期の企業収益と30年後の長期の企業収益のどちらが「企業のために」大事か。

これについては、およそ8割が30年後と答える。それでは次の質問だ。

(2)1年後の短期の企業収益と30年後の長期の企業収益のどちらが「あなたの給与のために」大事か。

ここで逆転現象が起きる。ほぼ8割が「1年後」という答えを選ぶ。

クイズ自体が少々、意地悪ではある。そもそも私たちは企業のためには30年という持続可能性に着目するのだが、個人というレベルでは1年ごとの給与に目が行く。当然だ。環境は大事だけれど、日々の生活を支える給与は私たちにストレートに影響を及ぼすからだ。

行動経済学でこの状況をとらえると分かりやすい。「現在バイアス」というものだ。現在と将来を比較した時に、合理的に考えれば将来の重要性が現在より高いことが分かっていても、つい、心の隙間に「現在」が現れてしまう。

具体的には「今、10万円のボーナスをもらう」のと「金利2％複利で10万円を銀行に預け、30年後に受け取る（銀行はつぶれない！）」だと、ほとんどが「今もらう」を選択する。30年後だと10万円は18万円と2倍近くになるのだが、今を選択する。30年後は確実と言っているのに今を選択する。その理由はつまるところ、将来の予測があまりに遠い話なので、将来の合理性（およそ20万円）より、現在の不合理性（10万円）を選択するというわけだ。

現在バイアスは目先の給与が必要な企業勤務者にとっては自然なことでもある。だがこうした側面が強まれば、社会の持続可能性に危険信号がともる。

現在バイアスは企業勤務者の給与が原因だ。給与は自らのためではあるが、より子供たちのために必要だ。学費はその代表例だろう。子供たちの幸せを考えれば勤務者は現在バイアスに陥ってしまう。

この状況を、ある一人の少女が変え始めた。現在バイアスを子供たちのコミュニケーションで変革しようとしている。スウェーデンの環境保護活動家で、世界的に注目されているグレタ・トゥンベリさんだ。

グレタさんは、自らの父母・祖父母らの世代に「気候変動を防ぐ」という将来の重要性を語る。現在バイアスに陥りがちな企業勤務世代の心理を変えようとしている。

このコミュニケーションは今や国境を超えて政府や自治体、若者団体、市民団体、メディア、企業などに広がっている。グレタさんをはじめとする若者の情報発信が時代の変革を実現しようとしている。

柔道に学ぶ「受容コミュニケーション」

知人の柔道師範から聞いた話だ。師範のもとには毎年、多くの小学生がやってくる。「柔道を習いたいと入部しに来るのですが、すぐにやめる子も多いのですよ」

話を聞くと現実が見えてきた。小学生らはテレビで見る柔道の「一本勝ち」にあこがれる。強烈かつ完璧な勝ち方である一本勝ちはスッキリする。脳科学的に言えばアドレナリンの分泌により交感神経が活発化し、闘争心が満たされるのだ。

ではなぜ、すぐにやめてしまうのか。その理由は「行動変容」という人の心の動きが一つの説明材料となる。ここからは行動理論や学習理論の提唱者である心理学者のアイゼンクが言う行動理論の変容を、筆者なりに心理学的に応用して話を進めることにする。

まず一本勝ちを見て柔道にあこがれた小学生の心には柔道の理想像が現れる。これを理想期という。この理想期の状態で柔道を習いにやってくるわけだ。

理想期の次に、柔道を現実に学び始める現実期がやってくる。小学生が退部するのはこの時期だ。入部した日から6カ月ぐらいまでが、この時期に当たる。鮮やかな一本勝ちに至るまでには、受け身などの基本の稽古や、地味な技である寝技なども学ばなければならない。これを身をもって知るのが現実期である。自らの思う理想像と現実像の折り合いをつける時期であり、つかなければ去っていくことになる。

この現実期を過ぎると実行期がやってくる。柔道の全体像を知り、様々な技を覚え、自らが体力・知力を伸ばすことに喜びを見いだす時期だ。本格的な学習期ともいえるだろう。新たな学びを得る時期は、楽ではないが喜びがある。

そして実行期を無事に過ぎれば、維持期がやってくる。柔道の技を繰り返し、一喜一憂せずに学び続ける時期である。

師範は一連の状況を実体験として見てきた。道場にやってくる小学生をどのように指導しつつ、引きとめるか。現実期における退部の意識にどのように対応するかを学んだ。

そして今、様々な企業の社員向けに（特に新入社員向けに）セミナーを実施しているということだ。

先ほどの例でいえば、新入社員は理想期で入社し、現実期で悩みを持つ。この2つの期でのコミュニケーションに求められるのは、師範によれば、まずは新入社員の発言を受け入れて否定しないという「受容コミュニケーション」だ。

理想や夢に近いこともまずは受け入れて、決して否定しない。現実期に入って多くを学び始めた新入社員には、できていないことを否定せずに受け入れる。ただし受け入れても肯定するわけではない。肯定はせずとも新入社員たちは自分自身で徐々に現実を受けとめ、そして受け入れるのだ。

「現実期にどれだけ新入社員のコミュニケーションを受け入れ、否定しないかがカギです。余計な指導は禁物です。ここで少しだけ待てば実行期がやってくるのです」と師範は話す。

現実期から実行期までの猶予期間は、これまではあまり長くなかった。しかし今や65歳定年あるいは70歳まで就労が求められる時代だ。理想期と現実期にじっくりと時間をかけて育てれば、企業に長くいることができる維持期に活躍できる人材が育つのである。

1億円の価値とは

あるセミナーで講師が質問した。「1億円の宝くじが当たったらどうしますか」。参加者からは「豪邸を買います」「家族で海外旅行に行きます」などの返答があった。中には「仕事をやめてハワイに住みます。大嫌いな部長に報告して自慢します」といった妙に現実感を帯びた答えもあった。

講師は言う。「豪邸ですか。でも大都市だと10億円はしますかね。1億円の家でも、維持費や税金が大変ですよ」「海外旅行もいいですが、高級な船旅だと1人数千万円はかかります。4人家族だと1億円を使い切ってしまうかも。ハワイは物価が高いので1億円でコンドミニアムが買えますかね」

さらに続ける。「1億円ってどれぐらいの価値があるのでしょうか。日本は基本的に65歳から公的年金が支払われます。毎月25万円を受けとれると仮定して、100歳まで生きるといくら支給されますか」

正解は1億円だ。正確には1億5000万円となる。長生きすれば、それだけのお金を私たちは受け取り、現実に使うわけだ。月に25万円の支出は決して贅沢ではないだろう。この普通の生活を100歳まで続けるには1億円が必要なのだ。

さてこのセミナーの意図は「現実を知る」ということ。心理的領域ではKnow Your Reality（KYR）と呼ばれるものだ。1億円と聞くと、とんでもなく高額に思える。だが年収700万円の人が45年間働き続ければ、3億円となる。1億円の宝くじが3回当たるのと同じほどなのだ。

これほどの収入を得られるのに、本人がそれを認識することはほぼない。就職する際に「あなたには退職までに給料を3億円払います」と社長が言えば、社員は大喜びだろう。

結果は同じでも、社長が月給ベースで話をしたらどうなるか。社員は「それって普通だよね」ととらえるか、「案外、少ないかも」ととらえるか。これが現実だ。

私たちは現実を知ることを「苦手」としている。特に時間感覚とそれに伴う現実を適切に認識することが上手ではない。

1億円と聞くと「すごさ」を感じるが、実際に働いて得る収入や老後の年金などを合わせて考えると、案外「そんなものか」とやんわりと受け止められるようになる。KYR、つまり現実を知れば、自身が持っている過剰な期待感をある程度、コントロールできるようになる。

自身の感覚や自己主張を英語で「アサーティブ」という。この自己主張を「適切にコントロールすること」も、近年はアサーティブの概念に含まれる。これを企業内のコミュニケーションに生かしたい。

企業活動においては日次、週次、月次で売上高や収益、損失といった「ストレスの温床」ともいえる数字（現実）が登場する。現実を直視すれば（KYR）、周囲の期待に応えられないこともあるだろう。そこでアサーティブの登場だ。

まず「結果は期待を下回っています」と率直にKYRとして報告するのだ。すると、自らがアサーティブ化し、自身を適切にコントロールする余地が生まれる。正直に言って「スッキリする」という現象だ。そして知らせた方だけでなく知った方も「短期ではともかく、長期的にみてどうか」という視点が生まれる。KYRの効用だ。

「だから」ではなく「なるほど」

「腹が立ちます。どうしたらいいでしょう」。ある食品会社の中堅社員からの相談だ。筆者は同社の顧問でもある。「パワハラにでも遭いましたか」「相手は上司なんですが、パワハラより複雑なんです。僕が正しいのか、向こうが正しいのか」

話を聞くと、彼の抱える問題が見えてきた。彼は社内会議で、扱う食品の質を高めるために生産農家を新たに開拓しようと提案した。候補となる農家の取り組みを調べ、結果を上司に説明したところ、返ってきた言葉が「だから……」だった。別の農家の話をしても「だから」。その繰り返しだったらしい。

この場合の「だから……」の意図は「違うよ」とか「前にも言ったでしょ」とかのニュアンスだ。「だから、俺の考えとは違う。だから、そうじゃないと言っただろうとか、そんな口調なのです」と、愚痴がこぼれる。

否定されるのはまだしも、「どうして、いちいち『だから』を付けるのですかね。本当にいら立ちます。『だから』と聞くだけで腹が立ち、やる気がうせます」と言う。

この状態、最近は「だから病」などといって少々話題になっている。もともとは筆者も関わる教育者の間で話題になった。ここで言う教育者とは「先生」のことだ。先生が授業中に、生徒に向かって「だから」を連発するというのだ。

背景には「これまでに教えているのに、また教えなければならない」という状況がある。すでに教えたことを、再度、教えずにすむように、すなわち、生徒がその場でしっかりと記憶できるようにするために、あえて「だから」を付け加えるというものだ。

これは認知心理学で専門影響力の分野にあたる。先生は専門家として生徒に教える。先生が持つ専門能力は生徒よりも優れているために、専門影響力を働かせることで生徒の学力は伸びる。先生が生徒に「だから」と言っても、専門影響力に違和感を持たない生徒は満足する。

さて、学校での先生と生徒ならともかく、現実の社会ではどうだろうか。企業では専門影響力は効果があるだろうか。

社会人となれば、もはや専門影響力には限界があるはずだ。上司が部下に一方的に教育する年齢ではない。昨今の人工知能（ＡＩ）化、グローバル化を考えれば、上司と部下といった年次差だけで知識や技能の違いを語れる状況ではない。

実際、幾つかの企業では「〝だから〟撲滅運動」が進行中だ。筆者はその推進者でもある。

専門影響力は知見の保有者が、知見の非保有者と専門能力を分かち合い、分散するということだ。そこには偉い、偉くないの差はないし、あってはならない。とりわけ上司が部下に対してゆがんだ影響力を行使すれば、やる気のある従業員ほど意欲を失ってしまうだろう。いずれにしろ企業あるいは社会にとっては理がない。

では「だから」の代わりに、どんな言葉を使えばいいだろう。これまでの経験から、筆者は「なるほど」を勧めたい。なるほどは相手の発言に耳を傾けていることを示すので、聞き手側もまずは安心できる。

筆者は大学で授業をするたびに「だから」を排除し、「なるほど」と学生に言ってから説明をする。学生はまんざらでもなさそうだが、ときに筆者にストレスがたまる。でも未来のために我慢しなければ……。

「無頓着」は大きな武器

「いらっしゃいませ」というあいさつは日々の生活で聞かないことがないほどだ。

デパートの販売担当者を対象に、ふだんの悩みを聞いてみた。販売額の伸び悩み、仲間との関係の維持といった返答が多い中、上位に「無視」というのがあった。「いらっしゃいませ」とあいさつをするのだが「自分は（顧客から）無視されることが多い」と嘆くのだ。

さて、ここに重要なポイントがある。単に「無視される」ではなく「自分は無視される」と自分が付いている点である。

私たちが一人の客として小売店を訪れた際に「いらっしゃいませ」と言われてどう反応するだろう。「はい、来ましたよ。こんにちは」などと返事をする人はまずいないだろう。返事をするとしても「こんな商品を探しているのですが、どのフロアにありますか」といった質問をする程度ではないか。これが顧客側の常識だろう。

これを心理学では「正当なる不平等性」と呼ぶ。端的に言えば「当たり前」である。販売側は業務として相手を招く側にいる。一方、顧客は招かれる側にいる。この時点で平等ではない。だから販売側があいさつをしたからといって、顧客側の返答を期待すべきではない。頓着しても仕方ない。無頓着であるのが自然なことなのだ。

デパートの販売員もこうした不平等性は認識している。それでも気になってしまうのは、なぜだろうか。答えは「頓着性の罠《わな》」にある。

「自分は無視される」という言葉の中には「自分は無視されるが、無視されずにいる人がいる」という誤った認識がある。販売側が顧客からあいさつを受けることはなく、実際に「ない」と認識している。しかし、中には顧客からあいさつを受けている販売者がいる。

正確には「顧客とあいさつコミュニケーションをとっている仲間がいる」と信じ込んでしまい、その人に対して頓着してしまうのだ。顧客にではなく販売側の仲間に頓着している。「いいなあ、彼はお客様からあいさつをされたよ。コミュニケーションしているよ。どうして自分は……」となってしまう。頓着性の罠にかかってしまうと、かかった本人の自信が失われ、ますます、あいさつが嫌になっていく。

自分は無視されると考えているデパートの販売担当者に「誰が無視されていないか」と聞いたところ、ある人物の名前が挙がった。この人物をA氏とする。今度はA氏に対し「なぜあなたは顧客からあいさつをしてもらえるのか」と聞いてみた。

「お客様からあいさつをされているかどうかですか。そもそもされているか、いないかということに興味はないし、記憶にもないですよ」。これがA氏からの回答だ。「私、そもそも気にしないので」という言葉が追加されている。

無頓着という言葉はしばしば否定的に捉えられるが、無頓着であることがプラスに働く場合がある。デパートの販売担当者の場合、顧客には無頓着であったと推察されるのだが、販売担当者同士で頓着していた。

A氏は他の担当者に対しても無頓着であり、それゆえにA氏は他の担当者にうらやましがられたということだ。

企業内でも色々な悩みを抱えた人がいるだろう。ぜひ「無頓着」をお勧めしたい。

非合理が合理になるケース

行動経済学で「プロスペクト理論」と言えば、ダニエル・カーネマン教授やリチャード・セイラー教授といったノーベル経済学賞の受賞者らが生み育てた理論だ。この理論の中に、合理的であるはずのものが、ときに不合理になる事象が紹介されている。今回はそれをコミュニケーションに応用しよう。

次の選択肢のうち、どちらが受け入れやすいだろうか。

あなたは会社の上司からメールで指示を受けた。

(1)明日までに資料を作ってほしい。無理にとは言わない。できればで構わない。できないようなら、遠慮なくその理由を知らせてほしい。よろしくお願いします。

(2)明日までに資料を作るように。よろしくお願いします。

どうだろう。感覚的には(1)の方が受け入れやすいと思われるのではないだろうか。文章が丁寧で、まっとうだからだ。(2)は直截《ちょくせつ》的で、威圧的にも感じられる。

しかしながら、企業勤務者に対する調査の結果は、少々異なっていた。300人ほどに聞いたところ、支持率は(1)が35%、(2)が65%だった。

(1)は、上司が部下に無理強いせず、選択肢を与えている。自由度が高いように読み取れる。つまりは合理的だ。一方、(2)は選択肢がないとも言える。非合理的だ。どうして無理強いしない(1)ではなく、無理強いの度合いが強そうな(2)を選ぶのか。ここにはコミュニケーションの新たなあり方に理由がある。

数年前から在宅勤務が奨励され始め、新型コロナウイルスの影響で採用比率は一気に高まった。この状況では、企業内におけるコミュニケーション手段はメールやパソコンを使ったオンラインとなる。ミーティングは時間に一定の制約があるので、それほど頻繁には開けない。いつでも、どこでも使えるメールやチャットが主軸となる。

上司と部下のメールを通じたやり取りで、部下にとってまず重要なのは、上司の指示（要求）を素早く理解することだ。

冒頭の選択肢を思い起こしてほしい。部下は、資料作成という上司からの指示に対応することを求められている。しかも期限は明日までである。

この例のように時間に余裕がない状況では、自分の希望や対応可能性などを考えている時間すら惜しい。指示に従うことが第一で、それが合理的と認識するわけだ。よって(2)の選択肢が主流となる。本来なら非合理的な(2)が合理的に変貌する。

つまるところ、(1)のように「内容が親切・丁寧」でも、理解に時間がかかればビジネス的には非合理的になるということだ。(2)は「内容が直截的」な分、理解は即座に進む。結果的に資料作成が進み、効果は合理的でマイナスとはならない。コミュニケーションにおける行動経済学のプロスペクト理論の応用系がここにある。

この理論では成功はプラス1の心理影響、失敗にはマイナス2の心理影響があるとされる。「親切・丁寧」はこの場合（時間的な制約が大きい場合）には、失敗に至る可能性が高い。プロスペクト理論に沿えば「直裁的」で時間制約に対応できる方が結果的に合理的となる。

パソコンやスマートフォンを使ったメールコミュニケーションが増え、企業での働き方も変わってきた。この新たな状況にいかに対応していくか。知恵と工夫が問われている。

第2章

AIの発達が人間のコミュニケーションを変える？

ＡＩが人の役割を変える

シカゴ大学教授のマートン・ミラー氏が授業で言った。「人工知能（ＡＩ）が人の仕事を失わせるなんてまったくの勘違いだ。人の仕事は減るどころか増えるだろう」。私を含めた学生たちはこの話を理解できなかった。なぜならＡＩが進化すれば人は不要になるはずだ。

不思議そうな顔つきの学生たちに、教授は加えてこう言った。「もちろん仕事の質は変わるけど、人の仕事はＡＩでは減らないよ。Change of Role だけ。はい、今日の授業はおしまい」。

ここでおわびしなければならない。実はこれは１９９１年の話だ。筆者が授業で聞いた記憶をもとにしている。

当時、ミラー教授はノーベル経済学賞を受賞したばかりだった。ミラー教授は私たちに Change of Role の重要性を示唆した。教授の言う Change of Role（以下ＣＲ）は人の役割の変化のことだ。ＡＩは人の役割を変えるが人は不要にはならないという。

実はＣＲは日本でも起きていた。弥生時代のことだ。弥生時代以前もコメは食べられていたが、コメを人力だけで耕作するのは大変だ。そのために牛を連れてきた。ただ、牛が耕作すれば人手はいらないかと言えばそうではない。牛に耕作させるための牛飼いが必要になる。ＣＲが起きるのだ。

「結局、人が使われるのか」ということではない。牛以前は10人ぐらいの人手が必要だった耕作が、牛1頭と人間は1人で可能になった。10人の人がいれば、牛を使って10反（野球場ぐらいの広さ）のコメを耕作できるようになる。ＣＲによって起きた大きな変革だ。このようなＣＲは常に起きる。人は進化をやめないし、進化を求めれば必ずＣＲが必要になるからだ。

今はＡＩの第三次ブームが起きているとされる。第一次は探索と推論が可能になり、例えばエキスパートシステムがエミュレートされた。「エキスパートシステムがエミュレート」とはどういうことだろうか。何か新たなことが起きたと考えてしまわないだろうか。「エキスパートシステムがエミュレートされる」とは、「専門家の知見をまねさせる」ということだ。これなら私たちにも理解できる。専門家がすでに持っている知識をまねするだけのことで、新しいことは何もない。コメ作りに牛を利用するのと同じである。

第二次はデータマイニングやオントロジーがブームだった。どちらもＡＩが学ぶべきデータの掘り起こし、あるいは学ぶべき用語の理解であり、いずれも人がやるべきことだ。

そして今の第三次はディープラーニングである。極論すればコメ農家の視点で見ると、牛がさらにいろいろなことができるようになれば、農家自身は別のことができるようになって総生産量が増えるということと同じだ。これがＡＩがもたらすＣＲなのだ。ミラー教授はクラスの最後に「いずれ人はＡＩの進化で肉体を動かすことは不要となるだろう。その時に人にとって必要なＣＲへの対応策は3つある」と教えてくれた。

そのうえで、「一つはコミュニケーション。体の動きが不要なら、人間同士の情報の交換能力であるコミュニケーションのあり方が大きく変化する。もう一つは新規情報の獲得と創造だ。常に新たな知識を得ることでＡＩも進化し人のＣＲも進化する」と話した。ただ、3つめは教えてもらえなかった。何だろう。今こそ教えを請いたい。読者の方はどう思われますか？

「エンゲージリング」って何だ？

エンゲージリングとは何かと問えば「それは婚約指輪だろう。めでたいね」という答えが返ってくるだろう。ここで問題だ。果たしてエンゲージリングはめでたいのだろうか。

エンゲージリングの正式名称はエンゲージメントリングだ。そもそも、婚約相手に渡すものではなく、業務上の約束を履行するために渡すことから始まったとされる。何らかの事柄の実施を確定する、あるいはほごにしないために渡すのだ。渡された方は「このリングを受け取ったからには仕事をさぼるわけにもいかないな」という責任を背負い込むことになる。

今ではめでたいエンゲージリングだが、始まりは事の履行の約束である。婚約指輪を贈る男子（女子でも構わない）は、知らぬ間に女子（あるいは男子に）に結婚という事象によって生じる業務上の事柄の履行を約束するのだ。

これは大変である。エンゲージメントの実施者は、婚約相手の希望や意向を十分に把握していなくても「エンゲージメントの内容に従う」ことを宣言するわけだ。婚約相手が「食事の準備、後片付け、食器洗い、洗濯、風呂掃除……。あ、トイレ掃除も。それから言っておくけど私も仕事するから家にはいないからね。ネコのえさも頼むわね」。この要求に従うということがエンゲージリングを贈るということなのだ。

話はリングではないエンゲージメントに戻る。企業にお勤めの読者はエンゲージメントについてはご存じであろう。企業活動に重要な事柄としてのエンゲージメントのことだ。例えば金融庁がまとめた「責任ある機関投資家の諸原則」（日本版スチュワードシップ・コード）には、エンゲージメントに関する記載がある。

諸原則の目的はアセットマネジメント会社といった資産運用会社（機関投資家）が、スチュワード（執事、ヘルパー）としてクライアントに対してしっかりとエンゲージメントを行うということだ。「おいおい、それはいいけどエンゲージメントって何なんだよ」という声もあるだろう。

諸原則の内容を見てみよう。エンゲージメントについて次のようにある。エンゲージメントは「目的を持った対話」であり、その内容は「対象に対する深い理解と目的を持った建設的な対話」である。建設的な対話をすることがエンゲージメントなのである。

企業が対顧客とのＢ to Ｃでコミュニケーションを取る際も、企業同士でＢ to Ｂのコミュニケーションを行う際にもエンゲージメントを行うことが不可欠だ。この重要性を諸原則は定めたのだ。

エンゲージメントは単なるコミュニケーションではない。冒頭に記したように、業務上の約束事を果たすために要請されるコミュニケーションなのだ。人工知能（ＡＩ）が普及すれば人は不要なのではという考え方があるが、ＡＩではエンゲージメントは不可能だ。ＡＩは過去のこと、つまり「建設済」への対話はできるが「建設的」である将来の対話はできない。

そうだ。結婚というのも究極は夫婦で建設的な対話を継続するということだ。エンゲージメントは深いのだ。自分は継続できているかなあ。

コミュニケーションの質を評価

ここ数年で利用頻度が急上昇している〝制度〟はたくさんあるが、中でもポイント制度はトップクラスではないだろうか。買い物や飛行機の利用はもちろん、もはや何らかの消費にあたってポイントサービスというシステムが不可欠だ。皆さんもあらゆるところで「ポイントカードをお持ちですか」と聞かれるだろう。企業からすれば、ポイント制度は顧客の獲得に加えて、顧客属性の分析などにもつながる。ポイント制は強力なシステムだ。

ある商社の人事担当から教えてもらったのがMP制度だ。MPのMはミーティング、Pはご想像の通りポイントだ。「ミーティング・ポイント」って何だろう。

商社においては、あらゆるモノがネットにつながるIoTや人工知能（AI）が隆盛となる現代においても、人と人とのコミュニケーションが不可欠だ。社内外、国内外などどこでも何はともあれコミュニケーションが成り立ってこそビジネスに結びつく。これが商社の「勝者」たるところらしい。

この商社の売り上げは減少傾向にあった。しかし従業員数は増えていた。このままでは「勝者」になれない。なぜ売り上げが伸びないのかを人事部と筆者がチームを作って調査した。結果は従業員同士のコミュニケーションが圧倒的に欠けていることが原因だった。

商社の業務部署は多い。しかし、部署の垣根を超えたコミュニケーションは少ない。この問題点を回避するために2015年4月から数多くのコミュニケーション・ミーティングが開かれた。自らの部署にこだわるのではなく、部署をまたぐミーティングは週に20回に上った。そして1年がたって数字が出た。相変わらず、売り上げは伸びていなかった。この状況を踏まえてMP制度が切り札として登場したのだ。

ミーティングの回数が増えたのに、売り上げが伸びない原因の一つはミーティング時のコミュニケーションの質であった。上席者ばかりが話し、部下は黙っていた。これでは相互のコミュニケーションにはならず、人は増えてもコミュニケーションの目的もコミュニケーションそのものも成り立たない。

MP制度の導入にあたって、ミーティング参加者それぞれに小型の置き型ロボットが配布された。このロボットは〝自分〟が担当する社員がミーティング時にどれだけ話したのか、表情はどのように変化したのか、目は、口は、どれだけ動いたのか、声質、声量はどうだったのかといった50項目を評価してポイントにする。

1回のミーティングで「最高」と評価されると50ポイントを得ることができる。このポイントは社員食堂で利用可能で、50ポイントは5千円相当になる。

MP制度の担当者は「以前はミーティングで発言が多かろうが少なかろうが自分自身には何の影響もないと考える人が多かった。そこでポイントにしたのです」と導入の理由を話す。そして、「ただ社内でコミュニケーションを取るだけでなく、ポイントによって数値で示されるとやりがいにつながっています」と強調した。ポイントという新たなコミュニケーション手段の始まりだ。

AIとの共生

数年前に人工知能（AI）がついに人を超えたと話題になった。囲碁で人を負かしたのだ。囲碁の世界ではAIの勝利は10年以上先と予想されていたが、早々に人知を超えてしまった。

話は変わる。私には57歳の親友がいる。彼は大手銀行の管理職だ。その彼が言う。「そろそろ自分が役立つ場所はなくなるようだ」。行内では人減らしが始まると言う噂があるらしい。多くの仕事がAIに取って代わられるということだ。

また、話は変わるがオリンピックで人気種目の1つが陸上競技だ。現在の100メートル走の世界記録はウサイン・ボルト氏の9秒58。このすばらしい記録を将来的にAI搭載のロボットが負かすという予測がある。

さて、考えてみよう。ＡＩロボットが人を超えると何が起きるのだろうか。１００メートル走でボルト氏に勝つかどうかはともかく、そもそもボルト氏より速いかそれに匹敵するスピードを持つ生き物は存在する。チーターは3秒台で走るとされ、ダチョウや熊、巨大な象も速い。

そもそも人間は１００メートル走で多くの動物よりも劣っている。しかし、私たちはその事実を悔しくは感じない。「チーターってすごいな」と思うだけだ。なぜ悔しくないかと言えば、人はチーターを競争相手とは見ていないからだ。チーターと人は身体能力に差があるから、１００メートル走に差があるのは当たり前と考える。

ロボットだって身体能力が違えば、違いが生じるのは当たり前といえる。最近は大型犬のような形状で、鋭く体を動かし、転んだりしないロボットが開発されている。病院、軍隊などの緊急対応に使えるとして注目され、期待されてもいる。

ところが、ロボットに知能という領域が加わると考え方は変わってくる。冒頭のＡＩによる囲碁では、敗者だけでなく聴衆も「人がＡＩ（ごとき）に負けた」ことから話題となった。ＡＩの進化に人がおびえているのだ。

ＡＩ技術がいかに進展しても、人の存在の重要性は変わらない。それどころか、これまで以上に重要度は増すと考えられる。ポイントはコミュニケーションだ。

ＡＩには一部のコミュニケーションしか実行できないという難点がある。私たちは日々コミュニケーションするが、そのうちのほぼ半分は過去の知識に基づくとされている。そして、重要な残りの半分は過去の経験則を含めた「新規の知見」ででき上がっている。

企業の過去の成功や失敗例などはＡＩが学んでいる。しかし、これからどうすればいいのかについてＡＩは知らない。将来のことは人にしか生み出せない。そして人も一人では生み出すことはできない。多くの人のコミュニケーションによって進化が可能となるのだ。

近年、企業内での部署を超えたコミュニケーションが盛んになっている。これからはその場面に必ずＡＩロボットがいて過去の情報をくまなく説明するだろう。それをもとに部署内コミュニケーションが活発化し新たなアイデアが生まれる。ＡＩの進化におびえず、うまくコミュニケーションする者がこれからの時代の勝者だ。

サルの進化にコミュニケーションあり

サルは賢い。サルが進化して人になったという説もある。だからサル目ヒト科と分類されているのだろう。スウェーデンのストックホルム大学の教授が来日した。教授は類人猿から人類への進化論を専門としている。その教授が筆者に会いたいと言う。筆者は行動経済学分野の金融関連のコミュニケーションを専門にしている。領域が全然異なる。「ははあ、誰かと勘違いしているな」と思って連絡したら返事が来た。

教授からの返事だ。「間違いではないです。人類の進化にはコミュニケーションが影響しているのです」。説明しよう。チンパンジーのようなサル、類人猿、そして人への進化の過程には諸説が存在する。類人猿が狩りを共同で行って人に進化したという説、食べ物を共有して分け合うことで進化したという説、類人猿同士がチーム化して戦い始めて進化したという説。これ以外にも複数の説がある。

教授は言う。「どの説にも共通するのは類人猿同士が団結する際にコミュニケーションが必要だったということです。そのコミュニケーションが可能となった段階で類人猿は人に進化したのです」

コミュニケーションによって類人猿は人に進化した。コミュニケーションにより様々な役割分担が生まれ、それが産業となった。1次産業、2次産業から3次産業が生まれると、そこには大いなるコミュニケーションの進化が生まれ、それがまた産業の進展・進化につながったのだ。

ここまではある意味で常識だ。ここからが話の焦点となる。教授はコミュニケーションの現状とその問題点に話を移した。「日本は高齢化が進み、人口減少の危機でもあります。そのマイナス面を補うために人工知能（AI）の活用が進んでいます。AIが進化すると何が起きますか。コミュニケーションにどのような問題が起きますか」

筆者は次のように答えた。「高齢化は仕方がない。人口減少は避けなければならないが、AIが代替してくれる。現に日本の企業ではAIが顧客の質問に答えるし、病院では訪問者の質問にAIが対応するケースがある。これこそ進化の最前線ではないか」

AIができることはデータベースに備わっている既存のデータ・情報を利用することだ。AIが可能なコミュニケーションは既存のもののみであり、新規のデータ・情報のコミュニケーションは対象でもないし、そもそも不可能だ。人でない限り、このコミュニケーションはなしえない。

最近、大企業はＡＩの導入による人減らしを進めている。賛否があるものの、現実として大企業を離れ、独立する若者が増えている。例えば元パイロット、元電力会社、元建設会社の若手が協働し、新たな銀行を作ろうとしている。元銀行員と元農家が協働して学校をつくろうとしている。この取り組みのすべてが話し合い、つまりコミュニケーションだ。これにより進化が生まれる。

教授は言う。「たまたまＡＩで人が不要になったけれど、若者は双方でコミュニケーションを開始しています。今は大きな進化の数少ない過渡期です」。これからが楽しみだ。

価格交渉というわずらわしさから解放

東南アジアでの話だ。とある国の空港に到着したのが午前10時。荷物を受け取り、タクシーに乗ろうとしたが大行列ができている。クライアント先に急いでいるので困っていると案内員が「トゥクトゥク」なら空いてますよと教えてくれた。

トゥクトゥクはバイクあるいは自転車による三輪の乗り物だ。オート三輪、バイクに二輪や四輪の席だけを連結したもの、あるいは三輪自転車というものもある。長距離の移動は厳しいが、短い距離なら問題ない。東南アジアのすさまじい交通事情を考えると便利でもある。車は混んでいて動かなくてもトゥクトゥクなら渋滞の隙間をどんどん進んでいく。

筆者が利用したのは12月だったが最高気温は30度、タクシーのようにクーラーはないが、風を受けて快適だった。価格もタクシーに比べれば安めだ。こんなトゥクトゥクだが、実は数年前に廃止の危機があったという。

問題は料金だった。当時、この国では料金設定の規定もなく、運転者が独自に決めていた。筆者のように初めてその国に着けば、トゥクトゥクの料金がどれぐらいかもわからない。安心できるタクシーは大行列だ。

「100だよ。安いよ」と言われてもそれがトゥクトゥクとして安いのかどうか、適正価格がどれくらいなのかもわからない。結局、「50に値引きして」「そりゃないよ。お客さんは日本人かい。日本は大好きだから70でどう」と言われ、70にしたのだが、実は適正価格は20だった。ていよくだまされたのだ。

こんなことが続いていたことから、その国はトゥクトゥクの廃止を検討したという。しかし、無くなるとタクシーをはじめとした車が増え、渋滞はますます増加する。そこで秘策を講じたのだ。そして今ではその国ではトゥクトゥクが増えている。秘策とは何だろうか。

新たな策は移動した距離に合わせて現場に到着した段階で料金を決め、それをクレジットカードなどで払うというものだ。日本のタクシーと同じである。移動距離はトゥクトゥクのタイヤの稼働に記録されるだけでなく、ＧＰＳでも把握される。

タイヤの移動距離とＧＰＳの移動距離に大きな違いが生じるような事態、すなわちタイヤの稼働をごまかした場合は、リスク管理システムが作動してトゥクトゥクのエンジンが動かなくなる。これによりトゥクトゥクの運転手は料金に関するコミュニケーションが不要になった。この制度になってから数か月後に客数はなんと50％程度伸びたという。

理由は単に料金の適正性や安心感だけではない。運転手は面倒な料金のことを考えずに済む分だけ、手間がかからなくなって余裕ができた。その余裕分で客にコミュニケーションを取り始めたのだ。

観光場所、料理、お勧めのホテルを伝えるなど客とのコミュニケーションの機会が増えた。客にとっても良いことだ。料金は降車時にしっかりと決まるからコミュニケーションに集中できる。ＡＩ（人工知能）の発達などでコミュニケーションが減るという指摘もあるが、新たな技術や仕組みがコミュニケーションを生み出すこともあるのだ。

緊張やストレスはロボットが代替？

星新一さんの『ボッコちゃん』（新潮文庫）に所収されている「肩の上の秘書」という作品がある。以下は原文のままではないが筆者がまとめた内容だ。

舞台は未来。セールスマンのゼーム氏が売り込みのためにある家庭に行く。ゼーム氏の肩にはインコが乗っている。そのインコは人間の代わりにしゃべるロボットだ。ゼーム氏は家から出てきた女性に言う。「こんにちは」。いや、正確にはゼーム氏の肩に乗っているロボットインコに言ったのだ。するとロボットインコは、ゼーム氏に代わって女性に話しかける。「お忙しいところ恐れ入ります。本日は我が社自慢の商品についてご案内差し上げに参りました」

星さんはこの作品で人間のコミュニケーションをロボットが代替することを示した。作品ではゼーム氏の売り込みを受ける女性の肩にもロボットインコが乗っている。女性はロボットインコに言う「どなたですか?」。すると女性のロボットインコは「それはそれはどうも。ではお話を聞かせてもらえますか」と話すのだ。

筆者の個人的な感想だが、おそらく星さんは丁寧なコミュニケーションが面倒だったのではないだろうか。ゼーム氏のように企業の販売担当者の直接的な要求や思いはまさに「買って」ということだ。それに「お忙しいところ」とか「ご案内」とかいった丁寧な言葉は面倒だからロボットに任せているということだ。

面倒なコミュニケーションはロボットに任せ、ロボットでは判断がつかないことについては人間としてのゼーム氏が担う。作品ではゼーム氏と女性とのロボットを介したやり取りはある程度続くが、女性のロボットが「夫と相談するからまた今度にして下さるかしら」と話して対話は終わる。

この時、女性は自分のロボットに対して「絶対、イヤ」と強く否定していたのだ。このやり取りを理解した人間であるゼーム氏は女性とのやり取りを終える。この未来像はいまや現実のこととも言える。

人工知能（ＡＩ）の進化とともにロボットが発達し、「肩の上の秘書」のように、コミュニケーションもロボットに任せる時代が始まろうとしている。確かにコミュニケーションをロボットに任せるのは楽だ。

客に対して丁寧で失礼にあたらないようにコミュニケーションするのは難しいし緊張もする。この緊張感やストレスをロボットに任せることは「安楽」という環境に身をゆだねることになる。

しかし、ロボットによる安楽には大きな落とし穴がある、それは進化のストップだ。人間がこれまで培ってきた複雑なコミュニケーションをロボットやＡＩが覚え、人間がそれを任せて安楽に過ごせばコミュニケーションは退化する。

人間が安楽に身を任せるのではなく、ストレスはあるものの進化を目指すことで新たなコミュニケーションが生まれる。現実の世界に生まれつつある「ロボットインコ」の使い道には要注意だ。

喜怒哀楽をコンピューター任せに

「今日はお客様との大事な電話会議なので『喜』でお願いします」。「これから彼女と電話で話すので『楽』でお願いします」。「大切な葬儀なので『哀』でお願いします」。さて、何のことだろう。

ボイス・モデリングをご存じだろうか。日本語で言えば「声の形成」だろうか。形成には人工的に作り出すという意味が含まれている。身体の一部の人工的な形成ならば話はわかる。顔も人工形成の可能性はあるだろう。筆者のように頭髪にかなりの危機感があれば、髪の形成もわかる。しかし、声は形成できるのだろうか、その必要があるのだろうか。

皆さんは自分の声に満足していますか。「もっと状況に合った声になりたい」と思ったことはありませんか。声質については生まれながらの個性であり、それを変える必要性は高くないと一般的には言われている。しかし、最近は変化の兆しが出てきているのだ。

コミュニケーションにおいては喜怒哀楽を表すこと、あるいは表さないことに対する要求事項がある。その要求事項に合わせてコミュニケーションの声質を考える。しかしながら、声質のコントロールは難しい。自分は明るく話したいのに「暗いね」と言われることもある。反省しているのに「なにを喜んでいるのだ」と言われることもあるだろう。自分の声質と自分の思いの同化は難しいのだ。

この悩みを解決する手段として生み出されようとしているのがボイス・モデリングというテクノロジーだ。「喜怒哀楽」の4つと、喜怒哀楽の排除（無表情的）という1つの合計5つの能力を備えたロボットで声質を変える。

ボイス・モデリングのコミュニケーションは電話などで行われるのが基本だ。直接、本人の声が聞き手に伝わる状況ではボイス・モデリングは必要ないし、通用もしない。

一方、電話であれば本人の声は情報に変換されて相手に伝わる。電話で話しかけた人の声がボイス・モデリングによって変換され、本物ではなく「できるだけ相手方の希望・要望に適合する」声質に変換するというわけだ。

例えば、「喜」であれば電話の相手方には喜んだ感覚の声が伝わり、「怒」であれば怒った声、「排除」であれば感情を排除した無感覚の声になるといった感じだ。

固定電話ではなく携帯電話ではすでに、本人の音声ではない合成音が利用されている場合がある。本人の音質に近い音声を利用するのだ。と言っても、ボイス・モデリングは声質を似せることを主目的としているわけではない。

主目的は通話相手の希望や要望に最も適合する声質、つまり通話相手の好みに沿うことである。相手方が喜んでいるのなら「喜」に最も近い声質に変換するし、悲しんでいるのであれば「哀」に変換するといった具合だ。

この手法を用いれば、相手方の希望や要望に沿ったコミュニケーションが可能になる。一方、コミュニケーションにおける人の個性を示す1つの要素がなくなっていくという寂しさもある。時代の変遷とはこういうものなのかもしれないが。

ウェブ会議を円滑にする「信号機」

信号とは何か。こんな質問をすると、かえって「何か思慮深い問いかけに違いない」と警戒されるだろうか。いや、どこの交差点や横断歩道にもある信号だ。青黄赤の「あれ」である。

ある企業のミーティングでの話だ。開始時は青信号だったが、途中で黄色となり、黄のままだったのが、また青に戻った。青のまま数分がすぎると、今度はいきなり赤に変化した。青から黄になり、次に赤になって、これを繰り返すのが普通の信号機だが、この会議でいったい何が起きていたのか。

新型コロナウイルス感染症の影響も大きいが、企業はそれ以前から在宅勤務などのテレワーク（遠隔勤務）を活用してきた。テレビ電話機能を使ってのミーティングも、ごく普通のことになりつつある。

オフィスの賃借料、従業員の交通費や移動時間、昼食時の混雑などを考えると、わざわざ遠い職場まで出かけることの経済合理性に疑問がわく。米ニューヨークのマンハッタンでは、コンサルティング業種の従業員の80％がテレワークをしているという話さえある。

冒頭の信号の話に戻ろう。これはある企業における営業部8人のテレワーク会議だ。課長1人と部下7人が参加している。モニター画面には8人の画像が映っている。

課長を除く7人の画像の下に丸い青印が映っている。課長が話し始めて2分後に、幾つかの黄色いマークがともった。それから2分ほどすると、今度は黄印は1つになり、残りは青印に戻った。現状は青6つ、黄1つの状態だ。その1分後、今度は黄の参加者のマークが赤に変わった。

課長がここで発言する。「今、赤になったのはCさんだね。では意見があればどうぞ。皆でシェアしよう」

赤印の意味は特別だ。質問や反論があるので、いったんコミュニケーションを止めてほしいという意思表示なのだ。黄印は「質問がある可能性があるが、まずは現在のコミュニケーションを進めつつ、質問の必要性の有無を保留する」という意味。青は「どうぞ、続けて下さい」という意思表示だ。

ここにはコミュニケーションの自由度や独立度が表れている。青黄赤の信号は、自身が考えていることや疑問に思っていることを自由にかつ独立的に表明することに等しい。

現実の世界で、職場の人間が数多く集まった会議室で、上司や仲間に対して自由に意見を言うのは難しい。隣の人や目の前の人を意識して独立度が阻害される面もある。この点、テレワークは一人なので、自由に意見を表明しやすい利点がある。

もう一つ、テレワークにはメリットがある。それは相手の表情を正面から見られることだ。思い浮かべてほしい。会社の会議で実際に話し手の顔を正面からじっくり見たことはあるだろうか。映像付きのテレワーク会議では、参加者全員の顔が真正面から映し出される。表情や目線の変化も察知できるのだ。

さて赤信号が出ているのに課長が話し続けるとどうなるか。これは信号違反となり、違反者の課長は3分間、会話ができなくなる。3回違反すると、その後は30分間、テレビ会議場で一切の発言が禁じられる。なかなか面白いと思いませんか。

ウェブ会議では主語・述語を明確に

米サンフランシスコのスタートアップ企業で働く知人のM君から、オンラインのウェブ会議に参加しないかと誘われた。

筆者は喜んで参加した。パソコンの画面には6人の顔が映っている。うち1人はM君で、もう1人は私だ。他の4人はいずれも初めて会う人である。

6人で他愛ない会話を数分交わして一度、ウェブ会議は休憩に入った。しばらくしてウェブ会議の再開の連絡がM君から入った。M君が言う。「さて、さっきのウェブ会議は分かりやすかったかな。変な点はなかったかい」。

不思議なことだが画面に7人がいるのだ。筆者と初めて会った4人とM君がなんと2人。なんだこれ？

今回の主題は「丁寧な言葉」にある。きれいな発音でしっかりと話すことは丁寧だといえる。主語・述語、あるいは主語・修飾語・接続語・述語といった順序を考慮して話すことが丁寧につながる。コミュニケーションにおける導入から終了までがわかりやすい。

今回の日米間のウェブ会議では、全員が丁寧な英語を使っており、筆者にとっては快適なひとときだった。会話はすべて英語で、知らない言葉もたくさんあったが、普段の英語でのウェブ会議に比べると内容が分かりやすい印象を受けた。

さて冒頭の質問についての私の答えは「すごく分かりやすかったよ」である。それに対してM君は「そうだろうね。君以外は全員がロボットだから」と笑いながら言う。「6人のうち、君と私だけが人間ってこと？」と聞き返すと「いや、人間は君だけ。さっきの会議は私も含めてロボットだったんだよ」。

どういうことか。最初のウェブ会議に参加した6人のうち、人間は筆者1人だけ。残りの5人というか5機はロボットだった。今話しているM君も、先ほどはM君のロボットが代理出席をしていたわけだ。今の会議には6人に加えて本物のM君がいるということだ。

ロボットによる対話には依然、限界がある。話を途中で切る、内容を変える、変えつつ元に戻すといった「高度」なコミュニケーションは、現状では人間のみが可能であるという点だ。

例えば、次に私が話すということを相手に伝える場合、「次は私が」と言えば人間には通じるが、ロボットが相手だと「次は私が話す」という形で述語を加えるのが必須となる。

発音をはっきりと、表現を丁寧に、主語・修飾語・接続語・述語などを順序よく、途中で話題を変えずに話すのであれば、ロボットでも対応はできつつある。しかし人間は必ず手を抜くし、気も変わる。それでも人間同士なら大きな支障はない。

人間は発音、丁寧さ、主語・修飾語・接続語・述語、起承転結などのすべてを「完璧でなくても」「中途半端でも」コミュニケーションをこなす。言葉以外の微妙な感覚を捉えることができるからだ。話し手の表情や目線、顔色、声の調子を瞬時に判断しながらやり取りするので、より高度なコミュニケーションが可能となる。

問題はウェブ上でのコミュニケーションのあり方だ。相手がロボットでなく人間でも、コンピューターを介した会話には制約が伴う。画面の向こうの相手の表情や目線、声の調子などを直接の空気感、あるいは現実に触れ合えないという点では不便だろう。ウェブ会議では、むしろロボットのように丁寧に、主語や述語をしっかり話すのが望ましい。

A氏の嘆き――相手の反応が分からない

「私たちは今、一方的なコミュニケーションの機会しか与えられていない世界にいます。授業では相手の反応が分からない。教師としては、せっかく用意した映像資料も、見ている学生にちゃんと伝わっているのかが分かりにくい状況です」

ある大学のA教授の嘆きだ。A氏は、オンラインで授業をしている。オンラインだと双方向のやり取りを連想しがちだが、現実にはテレビ放送に近い。冒頭こそ学生の姿を画面で確認できるが、授業が始まると画像は消え、音声もミュート（消音）になる。

一方通行の授業では、学生のその場での反応を知ることができない。通常の授業なら、学生たちの表情がじかに分かる。オンラインで同じ感覚を得るのは困難だ。

インターネットを通じた映像の提供サービスも似たようなものだ。読者の勤務先で開かれているオンライン会議も同じような状況だろう。こうした環境下でコミュニケーションを最適化する方法が問われている。

「インディアンポーカー」というゲームがある。簡略化しつつ説明しよう。ゲームの参加者二人が向き合う。両者とも4枚のトランプを持っている（本来のポーカーは5枚だ）。1枚は額に貼ってあり、相手には数字のある面が見えるのだが、自分には見えない。残りの3枚は自分の手元にあり、その数字は当然、分かっている。

4枚の数字がそろえば、ゲームに勝てる確率は高い。例えば、ハートもスペードもその他もすべて1なら勝てる。今、手元の3枚は1だ。目に見えない額の1枚も1なら、勝てる。

もうひとつ、追加で説明がある。勝負する2人は透明なガラス板で分離されており、もちろん、相手に「私の額の数字は何ですか」と聞くことはできない。相手はただ無言・無表情でこちらの側を見ているだけだ。

A氏によると、学生に後日、調査したところ「A氏が教えた内容の4分の3は学生に伝わっているが、残りの4分の1は理解できていない」という状況だった。インディアンポーカーも、自分で4分の3は理解できるが、残りの1枚がどうなっているかは、相手の表情からは分からない。これと同じことが授業で起きており、そして読者の企業内でも起きている。オンラインの一方通行の問題だ。

A氏の大学では、4分の1の部分をできるだけなくすために「授業アプリ」の配信を始めた。アプリには次回の授業項目が提示されるだけでなく、担当教員の専門分野から趣味までを150字以内で示す。学生は事前に授業の内容や先生の人となりをスマホで把握できる。

この手法は間接コミュニケーションといえる。直接のコミュニケーションでは4分の1がうまく伝わらない。その穴をできるだけ小さくするために、アプリによるオンラインの間接コミュニケーションを利用するのだ。いわばテレビのCMのようなもの。間接的に情報提供をすることで、相手方の「不理解の穴」を埋めることができる。

時代の変化とともに、直接の触れ合いが減り、オンラインでの企業内外のコミュニケーションが増加している。一方通行が増えることは仕方ないが、その穴を埋めるための間接技術を探したものが生き残る。

第3章

プレゼン力は五感を交えて

プレゼンを成功させる4つの要素

プレゼンを成功させることが重要なのはビジネスだけではない。認知心理学でもいかにしてプレゼンを成功させるかといった手法が多く提示されている。プレゼンを成功させるためのコミュニケーション上の4つの要素を紹介しよう。

4つの要素とは「非抵抗型」「強引型」「抵抗型」「助力型」だ。これだけでは何のことか今ひとつはっきりしないので次のように作り変えてみよう。

(1)「非抵抗型」＝「言うこと聞きますプレゼン」
(2)「強引型」＝「押し売り強要プレゼン」
(3)「抵抗型」＝「意地っ張りプレゼン」
(4)「助力型」＝「泣き落としプレゼン」

(1)は要するに相手の言い分に抵抗せず、それを認めるものだ。何かを買ってほしいというプレゼンをしても、相手が「買いません」と言えばそれを受け入れるということになる。強要はしないであっさり引き下がるやり方である。

(2)は「買ってくれるまでここを離れない」といった売り込み方法で、まさに押し売りだ。「あつかましい」売り方のため、あつかましさに否定的な日本人には肯定されにくい。

(3)の抵抗型は相手の気持ちや想定などを考慮せずに、こちら側の欲求だけを要求するというやり方だ。例えば販売員が客に対して「新型の３千円の扇風機はいかがですか」と提案したとしよう。それに対して客が「いらないよ」と返事しても「いや、ぜひ買ってください」と意固地になる。「では価格を下げます」とか「扇風機ではなくエアコンは？」といった対案すら出さないのが抵抗型だ。

(4)の助力型はまたの名を「泣き落とし」という。欧州や米国では通用しないらしいのだが、日本人は比較的泣き落としに弱いとされる。特に若い人の泣き落とし攻撃は年齢が高い層には効果的だ。

４つのプレゼンの要素を見てどう思われるだろう。おそらく「どれも使えないな」ということではないだろうか。しかし恐ろしいことにプレゼンのやり方は、いずれにしろこの４つの要素に集約されるのだ。私は違う、私には別のやり方があると抵抗しても、最終的にはどれかに当てはまっている。

では、上手なプレゼンとは何なのか。それはこの４つの要素が合体した形だ。⑴は相手の希望に寄り添うことでもある。⑵は販売目的を強く示すことだ。⑶は販売側の欲求の強さを購入側に知らせることとも言える。⑷は購入側に助けを求めることであり、言い換えれば心理的な圧力を与えることでもある。

私たちは、何か一つの要求があった場合、それに賛成するか反対するかを判断することができる。要求が単純だからだ。しかし、要求が複数で同時に提示されると話は別だ。４つのプレゼン要素が合体すると、簡単には反対する理由を見つけることが難しくなる。これが認知心理学が見出した上手なプレゼンなのだ。

４つの要素の順番はプレゼンする人の自由だ。ただしすべてを組み込まないと成功には届かないことを忘れないようにすべきだろう。

「秘伝のたれ」と「10秒のたれ」

新しいと古い。どちらがいいですかと問われたとしよう。食べ物であれば新しい方が良いだろう。野菜や肉は鮮度が命である。スーパーでも時間がたつと価格が下げられるか、食品棚から排除される。古くなると人気が落ちるのだ。ただ、一方で古ければ古いほど評価されるものもある。

新しいか、古いか、どちらの重要性が高いかは対象による。新しいものが次々に利用されるのであれば代替可能性が高い。一方、新しいものではなく従来のものが重要であれば代替不可能である。代替不可能は代えることができないということで希少性が高いとも言われる。

希少性と言えば最近では「たれ」だ。ここではうなぎのかば焼きの「秘伝のたれ」についての代替不可能性について考えよう。

「当店は創業の江戸時代中期より継ぎ足し継ぎ足し使っております」。いかにもおいしそうだ。一方、「当店のたれは10秒でささっと作りました」と言われると私たちは評価しない。手を抜いたと思う。秘伝の価値がないと考える。

手抜き状態を評価しない理由が代替不可能性である。うなぎのたれを毎日新しく作るのであれば代替は可能だ。しかし、これでは味に期待ができない。毎回、味が変わるかもしれない。その不安を除くために秘伝のたれが引き継がれる。これこそが代替不可能性であり、私たち消費者はそれを評価する。

代替不可能性はどのように生まれるのか。なぜ「秘伝のたれ」は評価され、「10秒のたれ」は評価されないのか。重要なポイントは専門性だ。自分だけがたれを作れるという「私」という専門領域を獲得している人の代替不可能性である。「自分だけが自分特有の方法・知見を保有している」という状況ができれば代替不可能性の価値が動き出す。

この代替不可能性において、コミュニケーションの活用の必要性が注目されている。少し長いが「代替不可能ジョブの獲得コミュニケーション」と呼ばれるもので、このアイデアは米国のビジネススクールで最近、活発に議論されている。

例えば人工知能（ＡＩ）に代表されるように状況変化が激しい中、次の状況を把握してその分野でいち早く成功できれば代替不可能なジョブが獲得できる。ＡＩ関連の新規ビジネスは有り余るほどあり、そのうちどれが代替可能で淘汰され、どれが代替不可能で生き残るかを見分けないと成り立たない。

代替不可能性を探るのは一人では難しい。組織的で場合によっては競合他社も含めたコミュニケーションにより、必要とされている分野や業務領域をいち早く認識できる。すでに他者が専門性を持っていないことを確認することで、代替不可能を追求できるというわけだ。このコミュニケーションのセミナーが大人気だと言うのだ。

かば焼き店の店主に次の話を聞いた。「秘伝のたれがどんな味かは自分で味わえばわかります。しかし秘伝のたれを作り出す方法を知りたいのなら店主とコミュニケーションしなければなりません。ただ、そう簡単には教えませんよ。長年受け継いだ情報ですからね」。コミュニケーションは代替不可能な業務や技術を自らのものにするチャンスなのだ。むずかしいがトライする価値は間違いなくある。

光を使ったプレゼン手法

滋賀県のとある神社では、1月1日の午前4時ごろから能楽が奉納される。人気は高く、多くの参拝者が集まる。

朝4時である。しかし新年ということもあり、参拝者は絶えない。私もその一人だ。寒さに凍えながら待っていると、真っ暗闇の能楽堂に主人公であるシテ方が現れたのであろう。一部の観客から歓声が起きた。

さて、ここまでの表現に違和感はないだろうか。シテ方が「現れた」ではなく「現れたのであろう」という表現に、引っかかったのではないか。

元旦の4時と言えば、まだ太陽は昇っていない。能楽堂は真っ暗だ。シテ方が現れた「らしい」のだが、筆者にはよく見えなかった。明かりがないからだ。通常であれば、参道に電灯があるはずだが、それがない。シテ方のあたりで、ろうそくが1本だけ燃えているのみなのだ。和ろうそくゆえに、光はおだやか。おだやかと言えば聞こえはいいが、筆者にはほぼ見えないほど暗い状態が続く。

この暗闇の中で、シテ方は和ろうそくに照らされつつ能を舞う。すると、かすかな明かりのシテ方に観客から歓声が起きる。筆者も最初は見えなかったが、徐々に微細に、わずかな光に照らされたシテ方が見えるようになり、見え始めると集中でき、暗さを忘れて、舞いが「見える」ようになっていった。

しばし能を楽しみ、終わったころには「新年早々ありがたいものを見たな」と満足していたその時に気がついた。能楽堂が光に包まれている。すでに太陽は昇り、心もすっきりと晴れわたっていた。安穏とした状況から、心が一挙に解放された感覚が芽生えていた。

暗闇の中の一点の光に集中すると、その一点に心がとらわれ、周囲の状況や変化には気が付かなくなる状態を認知心理学（行動経済学）で「アンカリング（アンカーにとらわれる状態）」という。周りが暗い中でわずかな光に集中していたのが、状況の変化によって、ここでは能の終了によって我に戻り、そこでようやく周囲の明るさに気が付くのだ。

この現象がプレゼンテーションの場で利用されている。「光の誘導効果」に着目した技法だ。光の変化に、視界は誘導されないのだが、心は気づかないうちに光に反応しているという現象である。

プレゼンがセミナールームで行われることを想定しよう。通常は会場内を照明で明るくし、そこに観客が集まってくる。続いてプレゼンターが現れる。プレゼンターは観客が自分に注目するように仕向けたい。そこで必要なのが光の誘導効果だ。

プレゼンが始まると、観客席は嫌みがない程度に暗くなる。そしてプレゼンターと投影資料は、抑えられた明るさに照らされる。暗闇の中の和ろうそくのイメージだ。

これにより観客は「アンカリング」の状態になり、プレゼンターに注目するようになる。そして観客が気づかないほどゆっくりと、まるで太陽が昇るようにセミナールームは明るくなる。それでも暗い状態から始まっているので、観客は明るさの変化を感じない。プレゼンが終了してはじめて、心が光に誘導されて明るさに気づき、解放感と満足度が増すというものだ。

読者の方々の社内ミーティングでもぜひ試していただきたい。光の効果でミーティングの終了時には景色も心も温かくなっているはずだ。

タイガー・ウッズの勝つ「秘策」

「タイガーチャージ」という言葉はゴルフファンの方ならご存じであろう。世界的に有名なプロゴルファーのタイガー・ウッズ氏が競技の最終日である4日目にトップを猛追する姿を表現した言葉だ。3日目までは眠っていたが、最終日に覚醒したかのようにバーディーやイーグルを重ね、想像を超えるスコアで逆転勝利をものにする。そのプレーをファンはタイガーチャージと呼ぶ。

ウッズ氏の過去の勝負について研究している米国の大学の研究者に面白い話を聞いた。なぜ彼はメジャー競技で何度も勝利することができたのか。他者とは異なる圧倒的な能力を持っていたからなのか。その理由はあまりにも単純だ。

他のプレーヤーがバーディーを決めた時にウッズ氏はどのように反応したか。通常は「悔しい」と思うが違った。「他のプレーヤーの成功を悔しがったりせずに、どんな時も常に喜びほめていた」のだ。

ウッズ氏も他のプレーヤーに勝ちたいはずだ。他人が良いスコアを出すと負ける可能性が高まる。しかし、この他人をほめるという行為が、ウッズ氏の勝利に結びついたというのだ。競争という状況においては、勝利は競争相手を打ち負かすことで達成できる。バレーボールでは相手に向けてアタックするし、サッカーだとシュートを放って相手を打ち負かす。

それではゴルフはどうだろう。ウッズ氏は次のように考えているとこの研究者は話す。「ゴルフにおける競争の相手は他のプレーヤーではなく、自分自身だ。バレーやサッカーといったほかの競技のような他者との勝負は存在しない。あくまでも自分との勝負なのだ」

大学研究者は次のように整理する。スポーツは勝ち負けだけではない。勝つとしても2種類の勝利がある。1つは他人に勝つことであり、もう1つは自分に勝つことだ。ゴルフは他のプレーヤーと一緒にプレーするが、ゴルフボールの動きをコントロールするのは自分だけだ。他者はいっさい関係ない。他者の負けを願ったところで、他のプレーヤーのゴルフボールの動きは他のプレーヤー次第である。

ここでウッズ氏は考えを変えたという。勝つか負けるかが自分次第なのであれば、他のプレーヤーを攻撃する意味はない。それよりも他者をほめれば、ほめられたプレーヤーは喜びを感じ、場合によっては次にウッズ氏のプレーを応援してくれる可能性がある。

何よりも場の雰囲気が良くなる。選手同士での意味のない攻撃や否定行為がなくなるのでプレーに集中できるのだ。まさに自分自身の行為、自分自身の勝利に集中できる。これこそウッズ氏が求めたコミュニケーションの活用法だろう。

企業に勤務していると、どうしても他者をほめるというコミュニケーションが不足する。他者をほめるというのは自分の負けを認めると受け取りがちだからだ。しかし、実際には他者をほめることこそが、自分の勝利に結びつく近道なのだ。

「否定から肯定」で人は伸びる

会社員だけでなく誰しもが楽しみにしているのがランチだろう。「やっとランチか！ 朝から疲れたなあ。どこで食べようか」と店の選択にグルメサイトを使う人も多いだろう。星が多ければ高い評価、少なければ「評価が分かれる」「評価がむずかしい」ということだと私は理解している。

グルメサイトの利用者は総じて肯定的な意見を参考にすると考えられる。「星が4つだよ。これはおいしいはずだ」と期待する。肯定が重視されるのはなぜなのか。そこには2つの理由がある。

一つ目は「おいしい店」つまり肯定される店の情報がほしいということだ。「そんなこと当たり前だろ」という指摘もあるだろう。しかし、ここで重視すべきは、おいしくない店が評価されないだけではなく、評価が普通であっても「普通ならつまらないな」と否定されるということだ。普通を超えないと、すべてが否定なのだ。せっかくのランチをしっかりと選択するには肯定情報が必須となる。

二つ目は継続理論だ。実際に星4つの店でランチをとった後の話だ。継続するには「グルメサイトの通りにおいしかった。また行こう」と経験者が肯定することが必要だ。それが星の数となり、継続につながる。何にしろ肯定が重要だ。

話を変えよう。自宅の食事はどうだろう。朝ご飯、夕ご飯はどうだろう。妻が、あるいは夫が作ったご飯を「おいしいね」と肯定することはあるだろうか。「このカレー、薄味すぎるよ」「今日のみそ汁はいまいちだね」的な反応が多いのではないだろうか。筆者の周囲に聞いてみると「おいしいとはほめていない」という人、すなわち否定が7割近くを占めた。ただ、夫婦間で「じゃ、別れましょう」とはならない。家族としての継続が大前提だからだ。料理を肯定しなくても家族としての関係は続く。家族だけではない。会社での仕事も同じだ。うまくいかなくても上司は「頑張れ」と言う。うまくいかなくてもいいよと肯定はしない。業績が下がっても「頑張れ」と言う。

否定から肯定に向けて努力させるのだ。ここに絶対に必要なのはコミュニケーションだ。「せっかく唐揚げ作ったのにまずいとは何よ。じゃあ、自分で作ったら」という妻（あるいは夫）に対して「あ、いや、違うよ、おいしいよ」と夫（あるいは妻）が肯定的に返せば、その場は収まるが、唐揚げはまずいままだ。

翌週に妻（あるいは夫）が「今回の唐揚はどう?」「味が進化してる！ うまい！」と夫（あるいは妻）が反応すれば肯定となり関係性が継続されコミュニケーションが進むのだ。ランチの店は否定で関係が切れてもいいが、家族の関係は否定から肯定に進むことで進化する。

会社でほめること、ほめられることはありますか。部長はあなたをほめないですよね。あなたは部下をほめますか。否定から入ることは多くありませんか。否定から肯定につなげることが、企業としての継続にも欠かせない。

55％は見た目が勝負

人気の果物と言えば何を思い浮かべるだろう。リンゴ、ミカン、イチゴやメロン、様々あるが外せないのはサクランボだ。筆者は毎年6月になると仕事の関係で山形に行く機会があった。そこで必ず購入するのがサクランボだ。上司や同僚、部下にもお土産として渡す。帰社した日は筆者はオフィスで人気者になる。

大人気のサクランボはいくらぐらいするのだろうか。一般的に一パック3000円から5000円といったところだろう。金額はサクランボの見た目に影響される。つぶが大きく、見た目が美しければ高く売れる。

サクランボ農家から悩みを聞いた。「サクランボは何といっても甘味とさわやかさ、つまり味が第一なんです。大きさや形と、甘みは別物です。そうは言っても……見た目でお客様は判断されます。そこで見た目を最高にしたのですが、それでは充分ではなくなったようで……」。

サクランボは味わうものだ。しかし、甘味はある意味で買い手からは当然のこととして考えられており、味覚よりも見た目が重視されると言うのだ。価格の高いサクランボはきれいな赤い色で統一され、大きさにも違いがない。

見た目が重視されるのはサクランボだけではない。ぜひスーパーで果物を見ていただきたい。リンゴやナシ、ミカンなども大きさが統一されている。大きさがばらばらだと安売りコーナーに格下げされる。野菜なども同様だ。見た目が第一なのである。

米国の心理学者であるアルバート・メラビアン氏は、心理学のコミュニケーション分野研究の第一人者だ。「メラビアンの法則」でも有名な同氏は「人の好き嫌いは何によって決まるのだろう」という疑問を持った。そして、そのために研究を積み重ね次の事実を明らかにした。「人は好き嫌いの55％を見た目で判断している。言葉は7％程度にすぎない。声質は30％強だ。見た目が第一なのだ」

サクランボの見た目が重視されるのは、このメラビアンの法則で説明できる。しかし、店頭のサクランボの見た目は、どの農家のものも高いレベルで統一された状態だ。これでは、どんなに頑張っても売り上げに差をつけられない。全部が見た目が良い状態で差がないのだ。

ここで差をつけるために注目すべきがメラビアン法則で30％も影響力がある声となる。声はコミュニケーションに生かされる。

「実に簡単なことでした」。農家は言う。「笑顔で『おいしいですよ』と言うだけのことでした」。これで売り上げが伸びたのだ。見た目では差異をつけられないほどすばらしいレベルにあれば、残念ながら見た目55％は、比較としては事実上0％（どのサクランボも55％は達成済み）であり、30％の声の効果が大きな影響力を持つ。

すなわち、「おいしいですよ」「おすすめですよ」と声を出してこそ差異が現れるのだ。

企業においても同様ではないだろうか。見た目を重視することはどこでも行われているし。それにはもう誰も反応しない。この状況下では、やはり声の効果と笑顔のコミュニケーションが重要なのだ。

非言語コミュニケーションの勧め

ある会社で記念撮影があった。筆者を含め10人ぐらいの役員や部長との会議の最後に撮影されたもので、皆が笑顔で写っている。その写真をみながらつくづく思うことがあった。笑顔って何なのだろうと。

実はこの会議は大荒れだったのだ。2時間の会議中、メンバー全員が不機嫌の連続だった。会議が終わって皆が座を離れようとした時に、写真撮影のプロが現れて「はい、チーズ」。撮影が終わると、全員が不機嫌な表情で立ち去った。

さて、ここまでで読者の方はどう思われただろうか。一般企業の部課長クラスに感想を聞いてみた。こういう一触即発的な写真撮影についての否定的な見方は2割で、「経営層としては必然ではないか」という肯定派が5割を占めた。残りの3割は「写真に建設的な意図があるのかが不明確で答えにくい」というものだ。

この会議のような、いわゆる〝むかつく〟やり取りは、企業に勤務していれば必然のことであろう。こういったコミュニケーションにどう対応すればいいだろうか。

企業内でのコミュニケーションには時として困難が生じる。コミュニケーションについては米国のアルバート・メラビアン氏がおよそ50年前に分析している。分析内容は言語要素と非言語要素についてである。言語要素とは話の内容あるいは中身のことだ。

一方、非言語要素は話し手の声の量やトーン（聴覚という）、あるいは表情（視覚という）である。笑顔、泣き顔、怒り顔そして無粋《ぶすい》顔あたりが当てはまる。メラビアン氏によれば、私たちにとってとても大事な「心の動き」は、ここでいう言語、聴覚、視覚に表れるということだ。

話を戻そう。企業におけるコミュニケーションで〝むかついた〟場合、これを作り出した相手の意図や真偽を確認するためには、何に頼ればいいのだろう。心の動きの鎮静を何に求めればいいのだろう。

メラビアンは視覚、聴覚、言語の3つの要素に分けた。この3つは通常は一致するはずだ。楽しい時には視覚は笑顔で、聴覚は心地よい声量、言語は愉快な会話内容となる。もめている時には視覚は怒り顔、聴覚は怒り声、言語は怒り言葉となるはずだ。しかし、ことはそう簡単ではないのだ。笑顔でも言葉に出さなかったり、怒り顔でも言葉は楽しげだったりといったこともある。

3つの要素は必ずしも一致しないのだ。何事もストレートに反応できない場合があり、これが人間らしさでもある。そして3つに矛盾が出る時は、視覚に表れやすいというのがメラビアン氏の分析だ。

冒頭の会議に話を戻そう。彼らは会議中には怒りモードだった。言語も聴覚も怒りを示していたのだろうが、もっとも重要な視覚要素の写真は笑顔だった。企業に勤務する者同士、対立することはあるが、根本は仲間であることを示しているともいえる。社長は知っていた。だから最後に写真撮影で視覚を考慮したということだ。人工知能（ＡＩ）にこうした心の動きは読めるだろうか。

集中は30分しか続かない

大学の授業が始まる際に先生が言った。「授業中に来週の試験問題とその答えを話すからしっかりと聞いておくように。ただ、授業の間に1回しか出てこないからね」

さあ、学生たちは色めき立った。そして、先生はこう続けた。「ところで授業はいつもは90分だけど今日は30分。30分たったら個々人で終了時間まではおさらいをするように。では始めよう」

聞き手が理解できるように、そして話し手の内容が聴衆にしっかりと伝わるようにするコミュニケーション手段としてCコミュニケーションがある。CはContinuation（持続）という意味だ。

持続コミュニケーションとは、どれだけの時間を聞き手が聞いて理解し、心にとどめるかが重要だ。ものごとを持続的に理解するには時間的な限界がある。読者はミーティングの際にどれだけの時間聞いていることができますか。多くの場合は60分程度だろう。

ただ、誰かが話している際に内容の理解を持続できるのはおよそ5分だという研究結果もあるそうだ。大人になると理解の持続時間は多少は伸びるが、15分から30分が限界だと言われている。これがCコミュニケーションにおける限界だ。

例えば映画では画面が次々と切り替わることが多い。制作者が観客のコミュニケーションの限界を認識しているためと言えるだろう。

大学の授業に話を戻そう。授業の開始から15分後、「ボノボがヒトの祖先と分岐したのはおよそ600万年前だとされています」と先生は話した。開始30分後に「分かれたのは何年前？」と聞くとおよそ8割の学生が正解した。

授業は別の2クラスでも行われた。60分間のクラスと90分間のクラスだ。60分のクラスでは説明から30分後に同様の質問が出され、90分のクラスでは先生は60分後に質問した。

その結果、正解率は60分のクラスは6割で、30分のクラスよりも低下した。さらに、90分クラスの正解率は3割まで激減したのだ。時間がかかれば聞き手は情報を把握する能力が落ちるということだ。時間的な持続の可能性は、15分から30分が適切なのだ。これが1つめのポイントだ。

2つめのポイントとして注目されているのは「弛緩現象」と呼ばれるものである。ミーティングが30分であれば緊張状態を持続することができる。

しかし、60分や90分になると、緊張の継続が難しくなり、「重要なことを説明する時間になるまではのんびりしていよう」という弛緩現象が現れる。残念ながら私たちは緊張が緩むと、そう簡単には緊張状態には戻らない。

30分、60分、90分のどれであっても、せいぜい緊張状態が持続できるのは最初の30分だけだ。弛緩現象に陥ってしまえば、もはや緊張状態に戻ることはない。

企業のミーティングを30分で終えれば持続の限界を超えることはない。ミーティングはとっとと終えて早めに仕事を終える方がすっきりするだろう。大学の90分授業も30分になればいいのに――。

4つの視点を柔軟に行き来する

皆さんの小学校の担任の先生はどんな人でしたか。何年生の時でも構いません。もっとも記憶に残る先生は次のうちどれに当てはまりますか。

(1)やさしかった

(2)おもしろかった
(3)こわかった
(4)きびしかった

この問題に正解はない。先生にはそれぞれの教え方があり手法がある。しかし、子供は先生の当時の行動をしっかりと覚えている。それほど、小学生にとっては先生とのコミュニケーションは重要なものなのだ。

小学校の先生は教育という重要な現場における対応方針を見いだしている。例えば、小学生を教育するには4つの形態で考えるとわかりやすいという。第一形態は保護、つまり先生が生徒を守ることになる。第二は先生が生徒におもしろくしている。別の見方をすれば先生が生徒に遠慮していることになる。第三は威嚇。先生が生徒を威嚇し怖がらせることだ。先生に余裕がないことでもある。第四は厳格で、生徒には厳しい先生像が宿る。

冒頭の(1)〜(4)の問いはこの四形態を表している。

この四形態を会社で考えてみよう。第一（やさしかった）と第四（きびしかった）は先生が生徒を守る、生徒は守られているという状況だ。第二（おもしろかった）と第三は生徒が

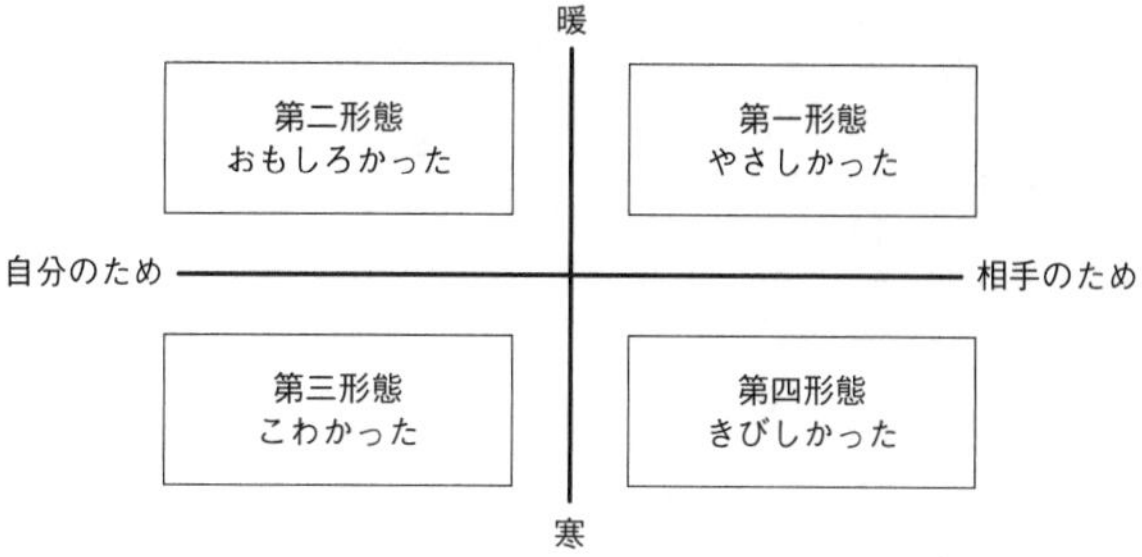

自分自身で対応する。あるいは極論すれば先生が生徒のことを考えていないということとも考えられる。もちろん、これは小学生に関することだから、必ずしもこの通りではないが、社会人として考えると、四形態はうなずける部分がある。

第一、第四だと考えるのであれば、上司が自分を守ってくれている側にいる可能性が高い。第二、第三だと自分で自分を守る側に近いと考えられる。

上司にまかせるのか、自分で考えるのかは一概に決めにくい。企業に勤務する読者は部下でもあり上司でもあるだろう。上司は上司であろうと行動し、部下は部下として行動する。この〝ありさま〟が四形態に現れる。四形態のどれかに固執しては企業内のコミュニケーションはうまくいかない。四形態に対するすべてを理解し、受容することが必要なのだ。どの形態にいるかは日々、変動し、進捗し、また逆戻りすることもある。守ってもらうことも、そこから成長し自分で進めることも必要だ。困難な課題に直面した時には、再び守ってもらうように後戻りすることもある。

企業に勤務する者は四形態を理解し、それぞれの形態を行ったり来たりするものなのだ。大人になればなるほどどれかに固執し、行き来することがなくなってしまう。行き来という行動がストップしてしまうのだ。そしてコミュニケーションがなくなり、成長が止まる。あなたの上司は今日は「やさしかった」あるいは「こわかった」それとも？

五感をコミュニケーションに取り入れる

「みらい」といえば「未来」という漢字が思い浮かぶ。今回は同じ「みらい」でも異なる漢字かつ見慣れない漢字の「味蕾《みらい》」についての話だ。

私たちが毎日のように口に出す言葉といえば何だろう。おはよう、こんにちは、といった挨拶がまず浮かぶ。同じぐらいの頻度で、いや、それ以上に口に出す言葉がある。口に出さずとも、心の中で話す言葉だ。それは食事のときに出る。

「うまい！」「うまくない！」という言葉である。もう少し丁寧だと「おいしい」「おいしくない」である。総じてうまい、おいしいは言葉として大きな声で発するが、その逆、つまり「まずい」は心の中での無音の発言となることが多い。

だって、もしもあなたが料理を作ってくれた当人に「まずい」などと言おうものなら何が起きますか。心でとどめるに越したことはない。

味に対する反応を科学的に考えると五感に行きつく。五感あるいは五基本味という。味には基本的に5つの感受性があり、それらは「甘味」「塩味」「酸味」「苦味」に「うま味」が加わったものだ。ここでは辛味も塩味に入れて話を進める。

甘味、塩味、酸味はわかりやすい。苦味はわかりやすいが、それに耐えられる場合と無理な場合が顕著に分かれる。筆者ぐらいの年齢になると魚の内臓《はらわた》の苦味は受け入れられる。特に取れたてのアユなら受け入れる（日本酒とともに受け入れることが多い）が、若者は「うひゃあ」と吐き出しても不思議ではない。

不思議なのは、うま味である。「なんだか、何かが足りないなあ」「おいしいのだけれどパンチがないなあ」といった際の解決策がうま味なのだ。うま味には2つの受けとめ方がある。一つ目の受けとめは、うま味物質としてのグルタミン酸、イノシン酸などのたんぱく質である。この物質を新たに加えるとうま味が出る。もう一つの受けとめは甘味、塩味、酸味、苦味の「混合バランス」だ。それぞれ四つの味をバランスよく差し引きすることでうま味が醸成できるのだ。

この五基本味を、企業のコミュニケーションに当てはめる考え方がある。「五感による話し方の表情バランス」というものだ。

企業のコミュニケーションにおいて、甘味は「褒め」言葉であろう。塩味は「注意」、酸味はすっぱさで心が引き締まる「引き締め」だ。そして苦味は叱りであろう。極論すれば、企業でのコミュニケーションはこの四味ということになる。

食事と一緒で、これだと企業コミュニケーションに「なにかが足りない」ことになる。褒められたら調子に乗る、注意、引き締め、叱り。違いはあれど、落ち込むことになる。ここにうま味である「表情バランス」が登場する余地がある。

コミュニケーションの最後の五つ目のうま味の表情バランスは、注意するとき、引き締めるとき、そして叱るときに、表情にバランスを与える。表情をおだやかに、叱られた内容は認識しつつも、表情バランスといううま味で心は穏やかになる。

　褒める時には純粋に笑顔だけでなく、緊張感を表情バランスに加えると、褒められた側にも緊張感が芽生え、次に向けたやる気がみなぎることになる。うま味の入ったコミュニケーションのニーズは高いのだ。

「1／fのゆらぎ」を起こせ

「ミシガン湖に行こう」。もう30年も前の話だが、上司から誘われた。私は大学院を出て、米国のシカゴにある銀行で短期就業していた。仕事はすべて英語だ。だが思ったように言葉が通じず、イライラが続いて、それが仕事上のミスにもつながっていた。そんなとき、米国人の上司に声をかけられたのだ。

　ミシガン湖はシカゴの中心街に近い。面積は5万8千平方キロメートル。北海道よりは小さいが、九州より大きい。名称は湖だが、実体は淡水の海に近い。

　筆者と上司はミシガン湖畔にたたずんだ。彼が何も言わないので、大小の波が打ち寄せる様子をただぼんやりと眺めていた。時としてこちら側に流れ、時として向こう側に去っていく。単調な動きではあるが、飽きることはない。いつの間にか見入っていた。

穏やかな表情になった筆者を見て、上司が笑った。「君もひっかかったね」。何にひっかかったかと言えば「ゆらぎ」にである。それは「1／f（f分の1）のゆらぎ」と呼ばれるものだ。詳細は省くが、周波数が一定しない状態を意味する。

「何らかの形で一定しない」ことを示すゆらぎは、一見、規則性という私たちが大事にするものを否定するように聞こえる。しかし、実は不規則性を持つ「ゆらぎ」には、心の安定性を保つ、あるいは不安定な心を安定の領域に移動させる効果がある。

話は変わるが、今、様々な企業・機関に求められているのがテレワーク（遠隔勤務）だ。オンラインによるコミュニケーションで、人と人の直接接触を回避する。

半面、触れ合いの感覚や空気感、音声の変化、表情の機微の読み取りなどに制約があるのも確かだ。画像や音声はオンラインで伝わるが、その通信量には限りがある。表情の細かな変化をタイムリーに表示するのは難しいし、音響の領域も狭くなる。オンラインだから直接的に目を合わせることはできないし、現場の空気感を共有するのも難しい。

別の表現で言えば、オンライン上では、直接的なやりとりで得られる「通常は認識していない余裕」が失われ、心の安定性が保ちにくくなる。画面の向こうの相手が、あたかも写真のように固定化しているようにも感じられる。この「通常は認識していない余裕」こそが不規則性の「ゆらぎ」なのだ。

私たちは日常のコミュニケーションにおいて、触れ合い感覚や空気感、音声や表情の変更などの中に規則性と不規則性を見いだしている。ところがオンライン上でのやり取りになると、つい時間内に必要なことを伝えようとして「早口」で「一定の表情」で「強めの音声」で話をしてしまう。

その上、伝わるデータ量の制約もあって、規則性が一段と強調される。会話から「ゆらぎ＝余裕」がなくなるわけだ。

働き方がテレワークに移行することも多い現状では、オンラインでのコミュニケーションは欠かせない。なんとかして「1／fのゆらぎ」を起こすことが必要だ。

ゆっくりと、表情も通常以上に変化させ、声も大小とスピード感に変化を与えたい。この不規則性により、オンラインのコミュニケーションに「ゆらぎ」が生まれるのだ。

第4章

「仕組み」を変えれば伝える力が倍増!?

ランチ代は収益次第

あるとき、米サンフランシスコにあるＩＴ（情報技術）企業を訪ねた。ミーティングは通常通りなのだがその後について紹介したい。ミーティングが終わったのは午前11時。企業の方から「一緒にランチをしませんか」との誘いを受けた。一般的に米国人のランチは軽めだ。リンゴをかじるだけという人もいるといったことを考えながらランチの会場に行った。

このＩＴ企業の従業員数は２０００人。そのうち多くが実際に出社している。在宅勤務者が多い米国では珍しいらしい。売り上げは毎年20％ずつ成長。勤務時間は原則として朝の8時から夕方4時までの8時間だ。

この情報から読者は何を想像するだろうか。おそらく「朝は8時じゃなくて7時ぐらいに出社して、終わるのは午後9時とかかな。ランチは人がいっぱいで、短い時間で終えるのだろう。場合によっては食べないぐらい働けば20％成長もするだろう。大変だな」といったところだろうか。私もこう考えてランチ会場に行ったが、いやはやとんでもなかった。

この会社のビルは12階建てで、最上階がランチ会場。そこにはプロの料理人が常駐しており、インド、フランス、中国、アフリカそして日本料理までもが並んでいる。各国の調理法による肉と魚料理がそろう。

野菜も大量に用意されており、フルーツも山盛りだ。思わず「今日は何か特別なお祝い事があるのですか?」と聞いたら、「これは毎日ですよ。ここに当社の狙いがあるのです」と返された。

狙いはこうだ。「従業員は企業のために勤務者として働いています。しかし、勤務を続けるためには勤務者以前に『人』としての継続性が高くなければならないのです」

ランチのすごさは食事内容だけではない。昼食時間は午前11時から午後2時までである。3時間すべてをランチとしても構わない。こんな企業ならあなたも入りたくありませんか?

IT企業の社長は30代前半。この若い社長の考え方は二つある。第一は勤務の継続性だ。米国は転職が多い。そのたびに企業が時間をかけて育てた従業員を失うことになる。そこで長期に勤務してもらうために考えたのが一つめの「健康」だ。健康が続けば「人」に安心感が生まれる。企業という組織にとっても離職率が減るというメリットがある。

とはいえ、これは企業の話だ。企業であれば収益の向上が不可欠だ。社長が実行した二つめは「収益の共有」である。企業収益がどのような状態なのかを勤務者全員に日常的に理解してほしいと考えた。

そこで取った行動が昼食代を日々変動させることだった。同社の昼食代は収益動向に応じて変わる。目標以上なら全額を会社が負担。不達成であれば従業員の昼食代の負担が増え、時間も短くなる。このような人と組織の動かし方を実行する企業は欧州でも東南アジアでも、そして日本でも存在しているようだ。人と組織の動かし方が大きく変わろうとしている。

座ったら会話、PCは立って操作

チェアとは何かと聞かれれば「そりゃ椅子のことだろ？　どっちかと言えば高級な椅子だろ」と答えるだろう。それでは「チェアマン」は議長を意味するのだが、なぜだろうか。

昔は肉体労働が多く、座りながら仕事をすることはまれで、多くは立ったままであった。何かを組み立てたり、削ったりという業務であれば立ったままという状態は仕方がない。

とは言っても、立ったままという状態は好ましくはない。業務から離れて、意識も変えてしっかりとミーティングを行うことも必要だろう。それならゆったりと座る場として椅子、すなわちチェアが必要だ。

一方で昔はチェアが贅沢品だったため、全員が座れるほどは用意できない。そのため、老人だけがチェアに座ることができた。企業における老人とはすなわち長年にわたって企業を支えた重鎮であり、端的には「偉い人」。偉い人はチェアに座る。こうして偉い人すなわち議長を指してチェアマン(今はチェアパーソン)ということになったという。

それでは、ボードメンバーはどうなのだという疑問がわく。議長はチェアマンだが、役員や取締役はボードメンバーである。ボードとは板だ。議長ほど偉くはないが、座れる人、つまり役員などは板の上に座る。こうして役員はボードメンバーと呼ばれるようになった。

今でも少なからず、企業勤務の若手の椅子は小さく薄く、徐々に出世すると椅子が立派になり、社長ともなればチェアが準備されていて座れば沈み込んでしまうケースもある。偉さが椅子に現れる。かつてはそんな時代もあった。

チェアマンの役割とは何だろう。議長ではあるが、もちろん好き勝手に威張れるわけではない。ボードメンバーの多様な意見に対応しなければならない。様々な意見はもともとは会話で交わされた。とりまとめもチェアマンによって会話で行われる。このことは、すなわちチェアやボードに座ることにより、会話を実現する場が整うということだ。

チェアマンの役割は経営陣に限定するだけでなく、企業の様々な関係者にとって必要な会話を実現し、それによってコミュニケーションを取ることにある。それをしっかりと遂行するために座るのだ。つまり企業において座るということは、しっかりと会話をする、真っ当なコミュニケーションを行う場にするということなのだ。

ある新興企業を紹介しよう。この企業の職場には立ち席と座り席の両方がある。パソコンを使う時には立ち席を使う。そうでない時は座り席だ。立っていると疲れる。そのためパソコンでの業務時間を短縮化する。すると座り席で座っている者同士に時間ができ、会話が始まる。

この企業の社長は言う。「ＦtoＦ（Face to Face）の会話がほしかったので、座れる場ではパソコンを使えなくしたのです。座っている時はパソコンは使えませんが会話がはずみます。単純な会話ではなく、ビジネス戦略を話し合えるのです」

ＡＩ（人工知能）の発達とともにＦtoＦによる会話の機会はますますなくなる。ＡＩはすばらしいがチェアマンの存在価値が失われ、会話がなくなることは避けねばならない。

好調な時こそ不調時を議論する

英国のA社というメーカーの話だ。同社は2007年ごろ、新規産業として成長が期待されていた太陽光や地熱発電を主軸にしている電力関連メーカーだった。旬ゆえに財務面も絶好調。あるとき、社長が従業員を前にこう言った。

「わが社が取り組んでいる発電事業は国をあげて、いやグローバルでも好調だ」。従業員の拍手が広がる。ところが、次の発言で従業員は驚いた。「今、当社の人員を削減して企業をスリム化しようと考えている。よろしく頼む。以上!」

従業員は業績の向上ゆえに社長からほめられると思っていたのにまったく異なる内容に、ぽかんとした。さて、あなたならこの社長の発言の真意はどこにあると考えますか。

業績が良い時に人員を削減するというやり方は、実は欧州や米国では珍しいことではない。その意図は次のようなことだ。

社長として考えなければならないのは、今期の業績だけではなく来期以降の業績だ。来期も問題がないのなら社長は従業員をほめるだけである。しかし、来期の業績に確実性が見いだせない場合や陰りが見え始めているときには、社長の中に異なる発想が生まれる。

それは「今期が好調なので来期もいいだろうと従業員は予想するだろう」ということだ。従業員は安心しているだろうという発想だ。社長は安心感にかまけて現状に甘える可能性がある従業員たちを鼓舞すればいいと思うが、欧米の社長は同時に異なる考え方を持つ。

従業員は「自社が好調」と考えると同時に、自社を含む新規の発電事業が好調と考える。そうであれば「今、現状の勤務先を去っても、同業の他社に行けばいいし、その可能性がある」。実際にA社は20％の人員を削減したが、この20％の人材は他社に即座に採用されたという。ところが、その翌年に米国に端を発する金融危機が起きたのだ。

A社はすでに人員削減を終えていたので問題は起きなかった。ところがB社では問題が起きた。A社からB社に転職した従業員は新たに職場を探さねばならず、その際にはどの企業も人を採用する余裕がなくなっていたのだ。

日本では1990年代のバブル崩壊を代表する金融危機はすっかり忘れられているようだ。近時は経済的な上昇と下落の差が表面化している状況（K字型）ではあるが、徐々にそれに対する感覚は失われているのではないだろうか。危機対策がおろそかになりつつあるのだ。これを受けて最近は一部の企業において、あるセミナーが人気を博しているという。それは「バイアスだらけのコミュニケーション」と呼ばれるものだ。

一般的にセミナーでは「今後、どうやってビジネスを伸ばすか」といった正攻法が課題となる。一方のバイアスセミナーでは「あなたは明日に解雇されます。本日、何をしますか」である。正攻法からかけ離れた偏りを題材にする。個別に聞くとおよそ90％の参加者が「次を探す」と答える。ところが、4人一組のチームで考えると意外なことが起きる。

4人という複数のチームは何とか解雇されない方法を相互のコミュニケーションによって探り始めるのだ。これがコミュニケーションの力である。そしてこの力は企業がまともな時に威力を発揮する。現実として企業自体がおかしくなると、コミュニケーション力は低下して何らの発想も生まれないのだ。

コミュニケーションの代理人？

大学の秋学期の終了はおおむね1月だ。それに向けて試験がある。結果がいまひとつだと、まずは学生とミーティングをする。そこでは「試験で不合格だった理由」「それに対する今後の対応」について、教師と学生がコミュニケーションして、再試験となる。学生にとってはつらいコミュニケーションだ。さて、このミーティングで想定を超える「びっくり」コミュニケーションが起きたのだ。

ミーティングのために呼び出された学生が教師（筆者）の部屋に入ってきた。扉を閉めようとしたら、もう1人加わった。聞けばもう1人は「チューター」だと言う。チューターは家庭教師のようなものだ。筆者はあぜんとした。大学生にチューターはいらないのではないか。

ところが、学生はこう話した。「先生。僕は教師である先生との話し合いに緊張してしまうので、チューターにお任せします。先生はチューターと話してください。話の内容はチューターから後で聞いて、しっかり再試験に対応します。それでは失礼します」。残ったのは30代と思われるチューターと呼ばれた男性と私だ。聞けば、このチューター業務がはやっているのだと言う。

調べてみると、このような事態が大学に限らず、高校、中学でもあるという。それどころか社会人向けにもあるのだ。緊張してしまうからという理由で代理人が対応をするというのだ。この現象は日本だけではなくグローバルに存在し、ＥＲＣ（Escape from Responsible Communication）と言われているとのことだ。

当事者はコミュニケーションを取る際に責任を感じる。その責任に基づいて行動すべきなのだが、過度に責任を感じると耐えきれずに逃げてしまう。これが私と学生のミーティングでも起きたのだ。

逃げることが必要な場合もある。最近、テレビでも話題になっている損害保険のサービスをご存じだろうか。自動車を運転している時に、事故を起こしてしまった。相手と交渉しなければならないが、運転者自身は動転している。この状況下ではまともなコミュニケーションはできない。そこで外部者に助けを求める。事故の原因や負うべき責任、今後の行為などを正しく認識することは動転した当事者にはできないからだ。

損保会社が当事者のコミュニケーション・サポートに入ることは比較的新しいが、法律関係では珍しくはない。検察官や弁護士が専門的で複雑な事象を代行している。確かにこういった専門領域であれば専門家に任せることも必要だ。

しかし、日常のコミュニケーションを常に専門家に任せることにはマイナス面がある。任せてしまい直接対応をしないことで当人の成長が止まってしまう恐れがあるのだ。向き合うことによって、コミュニケーションが始まり、学びが生じる。学んで得る情報と知識量が大きければ大きいほど、まっとうな社会人になれる。コミュニケーションを避けるデメリットは大きい。

授業の話に戻ろう。ＥＲＣの最大の原因は過度な責任意識にある。そもそも大学の試験は失敗して当たり前だし、失敗してこそ学びがあり成功に結び付く。失敗を許容できる社会ではなくなっているために教師と学生のコミュニケーションのあり方に間違いが起きている。失敗を避けない強さを学生時代に学ぶことが必要だ。

コミュニケーションが記憶を定着させる

世界にはいくつの国があるでしょう。日本が承認し外務省が公表しているのは１９６カ国だ。一方、国連に加盟しているのは１９３カ国（いずれも２０２１年11月現在）。そこで私の学生たちに、「日本政府が認めている数と、国連に加盟している国の数の違いは何ですか」

という問題を出してみた。

筆者のクラスには16人の学生がいる。問題を解くにあたって、学生を8人ずつの2チームに分けた。そして、それぞれのチームで調べる方法を変えた。チームAには「スマートフォン（スマホ）もパソコンも使って構わない」と知らせ、チームBには「スマホ、パソコンなどのIT機器を利用してはいけない」と話した。チームBは文書や聞き取りによって調べるという昔ながらの方法を求められたことになる。

その結果、チームAはパソコンやスマホを駆使して、10分もかからずに答えにたどり着いた。理由を聞くと「コソボやバチカンなどが国連に加盟していない国等で数に違いが出ます」。これに対してチームBは大学の図書館で調べたため、大幅に時間がかかった。一般的に見れば、チームAは効率的、チームBは非効率的ということになるのだろう。

ただ、チームごとに解答に至るまでのメンバー間のコミュニケーション（会話）の時間を測るとまったく違う結果が出た。チームAの8人がスマホなどで調べる際にコミュニケーションしたのはたかだか数分である。調査時間が短くなったこともあり、コミュニケーションもほとんどなかったと言える。

一方、チームBのコミュニケーションは合計2時間程度に達し、その回数は180回ほどになった。8人が1人20回以上のコミュニケーションを、それぞれ1分弱行ったことになる。コミュニケーションは人と人のつながりを作り出す。

別の見方をしてみよう。チームAは彼らの脳の10分弱だけを利用した。チームBは少なくともコミュニケーションに利用した2時間程度は脳を使った。この時間の差が記憶に大きな影響を与えるのだ。

実は1カ月後に、再度、学生たちに質問をした。「あのときの国連に加盟していない国の名前を覚えていますか」。正解率はチームAが45%、そしてチームBは100%だった。記憶力に差のない同年齢の学生にこれだけの違いが生じたのだ。

この原因は、記憶のためにかけた時間である。筆者が最初に与えたミッションは違いを探り出すということであり、国名を記憶することではなかった。しかし、目的を果たすために使った時間に大きな差が生じた。

チームAもチームBも同じ目的で同じ結果を得たのだが、かけた時間の差が記憶を左右した。1カ月たっても残る長期の記憶となったのだ。

最近はあらゆる情報をスマホやパソコンで得られるようになり、仲間とコミュニケーションを取りながら調べるといった機会が極端に減っている。すぐに情報が得られるのはスマホやパソコンの利点だが、コミュニケーションがないと調べたことが記憶に残らない。記憶を蓄積してこそ進化になるのだ。今の時代は退化しているようにも感じられる。

ディスカッションが記憶を伸ばす理由

ある中学校で3年間にわたる実験が行われた。1組から10組まで、総生徒数が４００人の中学1年生が対象だ。40人の各クラスは赤組と白組を編成。さらに、赤と白の20人はそれぞれ４人ずつのチームに分けられた。

生徒たちは放課後に集合して読書をする。ただ、赤組と白組で課題に大きな違いがあった。赤組は毎回1時間の読書だけ。時間が来たら解散だ。その間、図書室の自分の好きな本を好きに読んでいいという。漫画でも構わない。

一方、赤組とは異なり、白組は追加の課題が与えられた。本を読むだけではなく、読んだ後で、毎回その感想をチーム内で発表し、内容をシェアしなければならないのだ。１人４分ほどで合計16分程度が読書感想の発表の時間となる。1時間のうち40分ほどを読書に使い、残りを発表というコミュニケーションにあてるということだ。

ここまでの状況なら、中学校として珍しいと言えるほどのことではないだろう。赤組にしろ白組にしろ、先生は勉学のためにも読書を推奨するのだろうし、読書の結果として学力が向上する可能性は高まるだろう。しかし、この授業には続きがあったのだ。

時がたち、生徒たちが卒業する3年生の終わりころになって、ある調査が行われた。「皆さんは1年生の時に、同じチームで読書をしましたね。その場に何人いましたか」。これに対して3年生になった生徒たちは「4人」と間違いなく答えた。人数は簡単に記憶に残ったということだ。

次の質問の前に紙が配られた。先生は言う。「皆さんは、仲間の数はわかりましたね。では1年生の時に同じチームにいた4人の名前を書いてください。自分の名前も含めてね。漢字でなくてもひらがなでもかまいません」

ここで生徒たちはざわつき出した。この学校では1年生から3年生まで毎年クラス替えが行われている。1年の時に同じチームとなった人たちを覚えているだろうか。たまたま、2

年、3年と同じクラスでずっと隣同士だったこともあるだろうが、その点は配慮されている。

結果は赤組と白組で大きく異なった。赤組の正解率は40％だったが、白組はおよそ80％が正解したのだ。40％と80％という数字は問題ではない。問題は2倍の差があったということだ。白組は赤組の2倍覚えていたのだ。

赤組は読書の課題に際してチームのメンバーの間で会話を課せられなかったのに対して、白組は会話というコミュニケーションが必要になった。コミュニケーションがあるかないかで、コミュニケーションの〝相手〟を覚えているか否かにこれだけの差が出るのだ。さらに、この記憶は直ちに消えてしまう短期記憶ではなく、数年たっても消えない長期記憶だという点に着目すべきなのだ。

コミュニケーションを何度も長く取ることで相手を記憶し、その記憶は保たれる。最近、ＩＴ（情報技術）の発展で企業においても仲間同士のコミュニケーションが欠けているという指摘がある。

それにより、人間関係がどんどん消えていく。企業の成長には勤務する人たちがしっかりした人間関係を構築する必要がある。そのためには、技術がいくら発達してもコミュニケーションが欠かせないのだ。

「Fアプルーブ」の勧め

あなたはある電話会社の部長だとしよう。課長がやって来てこう言った。「部長、ガラケーの新機種を開発したいのです。承認してください」

あなたは課長の提案を認めてやりたい。しかし、もはやスマートフォン（スマホ）の時代だ。ガラケーを開発することを認めることは難しい。

さてここで問題だ。あなたが部長なら次のどちらを選ぶだろうか。

(1)「それはダメだ。もっと売れる商品を開発してくれ。この件はここでおしまい」
(2)「そうか。一度、話を聞かせてくれないか」

英語のアプルーブとは日本語では「承認」、つまり「認めること」を意味する。何においても、どんなコミュニケーションでも私たちは相手からのアプルーブを求める。アプルーブされればうれしいし、そうでなければがっかりしてしまう。

冒頭の問題に戻ろう。あなたは(1)と(2)のどちらを選ぶだろうか。周りに聞いてみると(1)が7割、(2)は3割だった。課長の提案は、部長としては認めるべきではない。(1)を選ぶのが本筋ではないだろうか。3割の部長はなぜ(2)を選んだのだろう。回答した部長に聞いた。「ガラケーの時代ではないと思うが、もしかしたらすごいアイデアを持っているかもしれないから」。これが(2)を選んだ理由のほとんどだ。中には「課長の言うことをいきなり否定するのもどうかと思い」という回答もあった。

回答(1)はアプルーブしていない。では回答(2)の部長たちはアプルーブしているかと言えば「念のために話しは聞くけど最終的には認めない」ということだと考えられる。結局、かわいそうに課長はどの部長にも認められない。とはいえ、部長の責任として認められない事柄は認めるわけにはいかない。正しいことなのだ。

「Fアプルーブ」という言葉がある。この場合のFはファーストだ。ついでにSアプルーブはセカンドのSだ。コミュニケーションの世界では、Fアプルーブの効率性や効果に注目が集まり始めている。

冒頭の問題で言えば、Fアプルーブは(2)に該当する。部長たちは「まずは認めるけど、最終的には（納得できない限り）認めない」というスタンスだ。この姿勢に提案者である課長はどう考えるだろう。⑵の行動をとる部長に好意を持つ課長が大半なのだ。

実際にはガラケーの開発は認められないのに⑵の回答に何を求めているのだろうか。答えはFアプルーブにある。私たちはまず、相手にアプルーブされたいのだ。その後に否定されたとしても、そこに明確な理由があれば納得する。

しかし、Sアプルーブではこうは話が進まない。最初に否定されると、その後のSアプルーブは意味をなさなくなる。最初の否定で「部長のわからずや」という課長の怒りだけが残るのだ。ここですべてのコミュニケーションの場が奪われることになる。

結果がどうあれ、まずは相手を認める。その後にコミュニケーションを進めて、真っ当な理屈を推し進める。いきなり理屈を振り出して否定から入ると怒りしか残らないことになる。

本を「読む」だけではダメ

学生時代のことを思い浮かべてほしい。授業が始まる1週間前に担当の先生から1枚の紙が送られてくる。そこには次のような文章が記されている。

「学生諸君、今から1週間後に私の授業が始まる。ついては『米国の法律論（仮名）』の最初の40ページを読了のうえで最初の授業に参加するように」。

さて学生時代に戻った読者は担当の先生の要求にどの程度の反応を示すだろうか。この質問を現役の大学生と社会人にしてみた。回答は大学生も社会人もほぼ似たようなものであった。「先生が要求しているのだから、しっかりと読んでから授業に出る」というものだ。

話を戻そう。この担当の先生というのは筆者が30年前に米国の大学で学生として学び始める時の最初の先生なのだ。当然、学生である私は40ページまでしっかりと読んだ。英語なので大変なのだが、仲間の日本人学生もしっかりと読んできていた。

さて、1週間後に先生の授業が始まった。「学生諸君。40ページまでを読んできたと思う。読んだ内容についての質問や感想を自由に話しなさい」。学生たちは次々に手をあげ話し始めた。本に書かれていた法律問題から離れて、金融論や政治論に話題が及ぶこともあった。大いに盛り上がったのだ。

30人のクラスメートのうち、筆者を含めた3人が日本人だった。90分の授業が終わるころ先生が言った。「本日、質問も感想も言わなかった者が3人いる。極めて残念だ。あらかじめ『米国の法律論』を読むようにいったのだが読んでいないらしい。君たちは次回から授業に出る必要はない」

私を含めた3人の日本人は腰が抜けてしまった。せっかく授業が始まったのに、しかも命じられた読書をしっかりとこなしたにもかかわらず、いきなり落第点をくらったのだ。

私たち3人はその日のうちに教務ルームに呼び出された。先生は「君たちは学ぶとは何かを理解していないようだ」と切り出した。この言葉に対して我々3人は言い返した。「先生の指示通りに本を読みました。問題はないはずです」。読者はどう考えるだろう。

先生の言葉は「学ぶとはどういうことかを理解してほしい」であった。先生が教えて学生がそれを受け入れるだけでは学びではないと先生は話す。すでにある既存のものを学び、そこに新たな学びの機会を作り出すことこそが学びだという。疑問や感想があってこそ新たな知見を得ることができる。これこそが学びなのだ。学びには疑問や感想というコミュニケーションが欠かせないのだ。

読者が顧客あるいはこれから顧客にしたい企業を訪問するときには、あらかじめ企業の状況を学ぶだろう。そのうえで疑問や感想を準備したうえで相手先の担当者と話す。「御社が目指されているのはこういうことだと理解しています。そこでご提案と質問があるのです」。こう言えば顧客もコミュニケーションに応じてくれる可能性が高い。改めて「学び」を学ぶことは必ずあなたのためになる。

片道のコミュニケーションを作っていないか

ある企業の役員が苦笑いしながらこう話してくれた。「部下からあなたは片道切符だと叱られたんですよ」。片道切符とは行き先に向かって進むだけで、帰り道がないという意味だ。役員は言う。「会社のミーティングで部下の1人に言われたのです。要するに上司である私の言うことを聞くだけで反論の余地がない。つまり帰りの切符を手にする余地がないという意味らしいです」

コミュニケーションとはどういう意味だろうか。いくつかの辞書を引いたところ確かに通信や伝達という説明がある。コミュニケーションは通信・伝達なのだろうか。

通信・伝達だと一方通行で相手に伝える、あるいは当方に伝えられるということになるのではないだろうか。

双方向ということであればインタラクティブ、あるいは全方位という意味合いでマルチディレクティブといった言葉がある。一般的に私たちはコミュニケーションという言葉からは、通信・伝達といった片道でのやりとりではなく、双方向や全方位での通信や伝達の繰り返しをイメージする。

最近、コミュニケーションにおいて「感受性の阻害」という問題が起きている。コミュニケーションでは相手の言葉に聞き手が何かを感じる。上司の言葉は聞き手である部下にとって肯定的であろうが否定的であろうが、何らかを感受する。この感受性を自らの心で阻害する動きが広がっているというのだ。

例えば上司が言ったことが気にいらないという状態を思い浮かべてほしい。「上司だから仕方ないな。逆らえないないな」と感受し、我慢してでも受け入れるということはよくあることだろう。

これに対して感受性の阻害は状況が異なる。上司であろうが誰であろうが相手からのコミュニケーションに何も感受しないように心が無反応な状態を作るのだ。自分がロボットになったようなものだ。ロボットは与えられた情報を受信するが感受はしない。感じるという性能はない。感受性の阻害はこの状況が人間に起きることを言う。

ここまでの話の内容では感受性の阻害が起きるのは部下たちであると思うだろう。しかし、現実には感受性の阻害が起きているのは上司なのだ。上司がそうであるがゆえに部下に障害が伝播する。

上司とは役員や部長といった役職者を指すのではない。入社2年目の社員だって新入社員から見れば上司だ。指示を出す側はすべてが上司になりうる。この上司たちが、部下との双方向のコミュニケーションを拒絶する。

すなわち上司自身に感受性の阻害があるために、部下に双方向のコミュニケーションを許さないというわけだ。

この問題はつまるところ、責任のありかが重要ということだ。上司から「責任の所在は私にある」という一言があれば、部下は自分の感受性に応じて言葉を返す。それによって、本来のコミュニケーションができるようになるのだ。あなたは会社で双方向のやり取りができているだろうか。そうでなければコミュニケーションは辞書にあった通信・伝達という意味と同じように片道切符で終わってしまうことだろう。

片道コミュニケーションの〝じこじこ〟

運転免許の試験官から聞いた話だ。車の運転をするときには視線の動きが重要だ。まっすぐに前方だけを見ているようでは運転はおぼつかない。前後左右、背後、遠方など全方位に注意を向けなければ安全運転はできない。

この試験官は「ドライバーは車や人の往来が多い場所では視線の動き方が全方位となります。ドライバーが自己的から協調的に心理を変えるということです。ところが高級車ほどドライバーは自己的になりがちです。自分を偉いとでも思うのでしょうか」と話す。

日々、様々な事故が起きている。多くはドライバーの運転そのものが原因だ。歩行者や別の車などの状況をわきまえず、自己中心的な運転をしていることに起因することが多い。「相手が自分を避けてくれるだろう」と過信する人もいるというのだ。

「私はこれを〝じこじこ〟と呼んでいます。自己事故ということですね」。つまり、自己中心的になったために起きる事故だというのだ。他者のことを考えて運転すれば自己事故は起きない。自分が中心という心を持ってしまうと自己事故となる。

レスラーが自動車と戦うというゲームがあった。レスラーは駐車している自動車に体当たりし、ひっくり返して勝利した。その時に彼は「いやあ、スピードが出ていたら逃げますよ」と話した。つまり基本的には、「人は車にはかなわない」ということだ。それゆえに人は車を避ける。ここにドライバーの心に過信が生まれる。

ドライバーは「人より強い」と考える。しかし、人より強いということは、人を負かせていいということではない。ドライバーが人を負かせるということは事故であり、犯罪者になるということだ。こんな当たり前のことをドライバーは認識できなくなることがある。

それだけに「運転免許を取った時には、歩行者や他車のことを優先的に考えるという協調性があります。ところが、運転に慣れてきて自信が生まれると自己中心になります。その自己中心の考え方を修正しドライバーを協調的にするのも私の役割です」と試験官は話す。

筆者はこの試験官を招いて企業向けにセミナーを開くことがある。管理職クラス向けだ。企業内のミーティングではほとんどの場合、管理職から話を始める。試験官は言う。「管理職はドライバーのようなものです。自分は部下（歩行者）より強いと考えてしまいます。部下は、管理職の上司（ドライバー）にぶつかったら最後だと思います。そして、恐怖心から管理職を優先します」

そのうえで、「管理職は自分の伝えたいことを伝えます。これは車で部下に向かって突進するようなものです。ドライバーによる自己事故に等しいですよね」と話す。管理職クラスはドライバーと歩行者である部下との協調性が重要なことを認識すべきなのだ。

管理職の方々にお聞きしたい。社内のミーティングで一方的にコミュニケーションをしていないだろうか。部下との協調性を保つためのコミュニケーションを行っているだろうか。歩行者を優先してこそ、車は安全に走れる。

高齢者に取り入るコツ

ギニア共和国をご存じだろうか。西アフリカにあり、チョコレートで有名なガーナにも近い。筆者が教えている学校にギニア人の学生がいる。ファーストネームはウスラ。授業は英語だ。ウスラ君とのコミュニケーションはすべて英語だ。彼は言う。「私は今、日本の大学で英語を使っていますが、その英語は米国で働きながら学んだのです」

ウスラ君はこうも話す。「私にとってはフランス語が母国語です。高校からフランス語を使っていました。ギニアには複数の現地語がありますが、そのうち3つは話せます」。日本と異なり言語に多様性があるようで、アフリカでは珍しくないそうだ。

ウスラ君は米国で働きながら英語を学んだ。誰に学んだのかを聞くと、「介護付きの高齢者住宅で働く中で学びました」という答えが返ってきた。

彼は高齢者の食事の世話をする仕事をしていた。高齢者の反応はどうだったのだろう。なにしろ異国から来た英語の得意でない従業員が食事の世話をするのだ。一般的に高齢者は不安を覚えるのではないだろうかと考えた。

しかし、そこで想定外のことが起きていた。高齢者たちは食事の世話をするウスラ君に一生懸命、英語を教えてくれたのだ。「みなさんは張り切って英語を教えてくれました。食事以外の時にも教えてくれるのです。おかげで英語が上達しました」

高齢者だけではないが、母国語が話せない外国人に対して苦手反応がある人は少なくないだろう。言葉だけでなく文化的な違いもあって、外国人を受け入れるのは簡単なことではない。それなのに、なぜ多くの高齢者がウスラ君に生き生きと接することができたのか。私は

「プライド効果」と呼ばれる心の動きが作用しているのではないかと考えている。

人間は誰しもプライドを求める。ところが、このプライドは高齢者になると保ちがたくなることも多い。受け答えの内容やスピードが衰えると母国語の会話でも自信を失い、プライドが傷つく。

しかし、ここにあまり英語が上手ではない外国人が現れる。高齢者はプライドを持って教えることができる。これがプライド効果だ。コミュニケーションの多様性を表しているともいえるだろう。

ウスラ君は今、日本の大学院で「高齢社会の共生」という修士論文を書き始めている。その傍ら、高齢者施設への訪問も続けている。「米国と同様に食事のお世話をしています。そして高齢者から日本語を教わっています」

日本の高齢者もウスラ君に対して日本語を楽しみながら教えてくれているようだ。施設の担当者に聞いてみると、認知機能が低下した高齢者の中には、ウスラ君の存在と彼に日本語を教えることによるプライド効果もあって、これまでよりも元気が出ている人もいるという。

訪日客や働く外国人の増加で、外国人材との共生が日本にとって大きな課題のひとつとなっている。異なる言語によるコミュニケーションを通じたプライド効果の広がりにも期待していきたい。

企業内ラビットの採用

ウサギとカメといえば「イソップ寓話《ぐうわ》」が思い浮かぶ。ウサギとカメが競争し、足の速いウサギはどんどん力強く進んでいくが、カメは自分のペースを乱さない。カメとの距離が離れてしまい、ウサギはつい居眠りをする。その間にカメはウサギを抜かしてゴールするというものだ。

さてここで質問。読者の方々はどちらに賛同しますか。

企業の方々に意見を聞くと返答は様々だ。「ウサギはペース配分を考えるべきだった」「カメが最終的にゴールしていることは評価できる。しかしスピードや時間の感覚が欠如しているのではないか」などなど。いずれにしても「ウサギが競技の途中で離脱したのは問題だ」。これが現実だろう。

この物語。英語では「Hare and Tortoise」と書き、Hare は野ウサギを指す。ラビットは飼いウサギのことだ。

飼いウサギは人との付き合いが長く、人に対して何をすればいいのかが分かっている動物なのだが、そのラビットがマラソンで重要な役割を果たしていることをご存じだろうか。

マラソン大会では多くの場合、ラビットが走っている。別名「ペースメーカー」とも呼ばれている。

足の速いラビットが、マラソン選手のために早い段階から競技のペースを作るのだ。42・195キロのフルマラソンの場合だと、20キロ、30キロぐらいまでラビットがペース配分をする。遅すぎて記録が伸びないことがないように、早すぎて途中で息切れしないように。さて、このラビットのニーズが企業のミーティングでも高まっているという。

あるパソコンメーカーの副社長から相談があった。内容は、その企業内のコミュニケーションについてだ。会合の際に「コミュニケーションに至らないことに悩んでいる」という。

コミュニケーションの基本は双方向あるいは多方向のやり取りだ。例えばミーティングで副社長が話し始める。これに誰かが返答することでコミュニケーションが始まる。だがこの会社では副社長が話しても、誰からも質問や提案が出ず、コミュニケーションが成り立たない。

「社員のやる気がないのかと思ってしまいます」というのが副社長の思いだ。これについて筆者が社員に調査をすると、ほぼすべてが「意見、提案はあるのだが、そのタイミングを見いだすのが難しい」と言うのだった。ここに「企業内ラビット」の必要性が現れる。

企業内ラビットとは、その役割を任命された3人ほどの「課長クラス」である。企業内ラビットはマラソンと同様に、まず全体のペースを作る。ペースはラビット自らが質問をしたり、提案をしたりすることで作られる。ラビットなので主役ではなく、企業内でのコミュニケーションのペースメーカーに徹するわけだ。

こうしてラビットから会話が始まると、何となくちゅうちょして機会を見いだせなかった社員からの発言が誘導される。ラビットは誘導に沿ってペースを作る。遠慮がちであれば、もっと具体的に正論を述べさせるように、あまりに直言すぎれば、場をなごませるようにする。

このようにして社内での本来のコミュニケーションが始まるのだ。企業内ラビットのニーズは高い。

対話で気をつけたい「WHO」

「重要なのはWHOですよ！　それさえあれば納得できます」。話し手はスペインの大学の准教授だ。筆者は7年前に彼が留学生として来日した際に教べんをとった。当時は学生だった彼は、今では本国の大学で教べんをとっている。名はアントニオという。

本題に入ろう。アントニオはWHOと言ったが、それは有名な「世界保健機関」の略称ではない。「Why のW、How のH、そして Objective のOなのです」とアントニオは言う。日本語にすれば「なぜ、どのように、目的は?」の3つである。

彼の話はこうだ。「私はスペインの企業から従業員、特に外国人労働者の指導方法を教えてほしいと要請を受けました。スペインには能力や語学に問題のない外国人労働者がたくさんいます。ですが、彼らは日本人と違い、上司の言うことに簡単に従うことはありません」「納得できないことには従わないのです。合意がなければ仕事は進まない。結果的に売り上げが上がらず、企業の管理職にも外国人労働者にもマイナスになってしまいます」

本国で育ち、本国で仕事を始めるならば、そもそも社会人になるまでに、十分に本国の流儀を学び、身に付けて、それがあたかも当然のことになる。十分に「本国の状況を認識した」社会人になっており、上司や仲間から何らかの指導や要望があっても、それを「無反応状態」で受け入れることが多くなる。

ここでいう無反応状態は経験値が豊富なために、疑問を抱くことなく受け入れてしまうことを指す。もちろん法的な事象や理性に関することにはしっかり反応するから、マインド・コントロールとは別物だ。

一方、その国のことを十分に知らずに外国から移ってきた人にとっては、まったく別の状況が起こりえる。アントニオは企業とやりとりを重ねて、外国人労働者とのコミュニケーションの問題点と解決策を考えた。それがＷＨＯというわけだ。

外国人労働者は「なぜその業務をこなすことが必要なのか、その意義は何なのか」というW、「どのように業務を行えばベストなのか」というH、そして最重要な点として「目的は何なのか、目標は何なのか」というOの説明を求め、それに対する納得度を重視する。この

3つのポイントが受け入れられないことには、業務が始まらないことになる。

この話をアントニオから聞いたのは数年前のことだ。以降、筆者は日本の外国人労働者向けにWHOコミュニケーションの調査を折に触れて行ってきた。

正社員でも派遣社員でもアルバイトでも、ほとんどの外国人はWHOを知りたがるという結果が出つつある。「なぜ社内会議で上司に質問しないのか」「なぜ上司は『ともかく言うことを聞け』というのか」「なぜ上司は自分を叱った後に『飲みに行こう』と誘うのか」。

その場でWHOのコミュニケーションが達成できればそれで十分なのに、日本人の管理職はついWHOを避ける傾向にある。たかだか「なぜ、どのように、目的は?」の3つのコミュニケーションだ。外国人労働者のやる気を出させるには簡単な手段ではないか。

そしてこの3つだが、日本人の20代、30代程度の社会人に対しても有効であることが分かりつつある。これからの企業におけるコミュニケーションのあり方のヒントである。

コミュニケーションのハラスメント

社長のあいさつが始まった。「新年になりました。今年も元気に頑張りましょう。それでは乾杯！」。この光景、どこの会社でもあるといっていいだろう。ただ、あるコンサルティング会社の乾杯はちょっと違う。

乾杯のかけ声に合わせて参加者同士がグラスを合わせる作法は通常と変わらない。普通でないのは、グラスにはビールが入っていないことだ。「最近はビールじゃなくてワインでしょ」という意見もあるだろうが、ワインでもない。ウーロン茶でも、天然水でもない。「わかった、お年玉だ！」というのはジョークだが、この会社はそこまで羽振りがいいわけではない。

答えは「空」のグラスである。不思議ですよね。空っぽのグラスで乾杯、いや杯を乾かすという表現でいいのかも迷うのだが、いずれにしろ何も入っていない。

参加者は空のグラスを持ってそれぞれに動き出す。自分が好きな飲み物をグラスに注ぐ者もいれば、グラスを置いてしまう者もいる。これが、このコンサル会社の乾杯の流儀だ。

担当者はこう話す。「カンハラってご存じですか？『乾杯ハラスメント』を略してカンハラ。新手のハラスメントを避けるための方策なのです」

新年会や結婚式、忘年会といった会合では多くの場合、誰かがあいさつをする。その役回りはそれなりに偉い人になりがちだ。その人物が一通り話をした後に「では乾杯」と言う。カンハラはここで起きる。乾杯の一声を受けて、グラスの中身を飲まなければならないのだ。

事態は急を要する。すぐに飲み物を注がないといけない。ということは飲み物をえり好みしているヒマはない。そこで「とりあえず」目の前にあるビールを選ぶ。ビール好きならいいが、アルコールが苦手な人や、温かいものが飲みたい人もいるだろう。ビール好き以外は、自らの希望ではないものを強制されることになる。

「無理しなくていいですよ。グラスに残ったビールは私が飲みますから」とビール好きが言ったとしても、それを言われた方はいい気がしない。これがカンハラなのだ。

このコンサル会社の社長の考えも面白い。「ハラスメントは従業員の尊厳を守るためにもあってはならないことです。一方、会社にとっての『そんげん』にも多大な影響を与えます。この『そんげん』は漢字だと損と減です」。

たかが新年会の乾杯じゃないかと軽く受け止めるのでなく、参加者の意向に新年会の開催側（ここでは社長）がしっかりと応えていることが重要だ。従業員の気持ちを第一に考え、飲みたいものを自由に選ぶ権利を侵さないという姿勢を示す。

それが会社として従業員を「維持する」ことにつながる。会社の損失と、従業員の（数とやる気の）減少を防ぐことができるのだ。

このコンサル会社の従業員の20％は外国人材である。宗教も考え方も違う。外国人材だけでなく、日本人の考え方も多様化している。

多様化とともに、尊厳の位置づけも意味合いも変化する。カンハラだけではなく、コミュニケーションにおけるハラスメントにいち早く気づき、対応することが現代の会社には求められている。

キャディをビジネス現場にも

今回はゴルフを支える「キャディ」について考える。

キャディには主に2種類の仕事がある。一つはゴルフ場のハウスキャディで、筆者のような素人がゴルフを楽しむ際に手伝いをしてくれる方だ。もう一つはプロのゴルファーを支えるプロキャディだ。このプロの存在が企業においても着目されている。

「そろそろ日本でもキャディイングを取り入れないと、企業は伸びませんよ」と教えてくれたのは米国の友人だ。

彼はサンフランシスコに本社を置くＩＴ（情報技術）企業の取締役で、ビジネスをグローバルに展開している。

「今の仕事のターゲットはベトナムです。少し前まではタイと中国で、どちらでも事業は成功しました。ベトナムでも自信があります。なぜならキャディイングを学んだからです」。ビジネスの成功のカギと言われると気になって仕方がない。それはいったい何なのか。

簡潔に言うと、キャディを「企業ビジネスのプロ」として「活用する」ことがキャディイングだ。例えば中国やベトナムなどで仕事をするにあたって、まず必要なのは通訳だ。通訳が双方のコミュニケーションを支えてくれる。

その際、本当に必要なのは日常用語のコミュニケーションではない。ビジネスに必要な「プロとしてのコミュニケーション技術」だ。専門用語を分かりやすく的確に相手に伝え、相手からもこちらに伝えてもらわないといけない。こうなると単純な通訳ではなく、業務内容を知ったサポーター的な存在だ。

この役割が、ゴルフのプロキャディと重なる。ゴルファーの意向をしっかりとくみ取りつつ、次のプレーを的確にサポートする。ゴルフ場の芝目や風の特徴を正確に把握し、ゴルファーを支えるキャディが必須なのだ。

同様に企業の担当者の意向を踏まえつつ、その国や地域の現状を企業側に的確に伝え、ビジネスの成功に結び付ける役割を果たすことは、まさに企業におけるキャディイングだ。

米国の友人は言う。「優れたキャディの存在抜きに、グローバルビジネスでの成功はありません。単に通訳がいるだけではダメなのです」。ビジネス上のキャディイングができるプロキャディは増加しているという。

プロキャディの役割はゴルファーである当事者あるいは責任者をサポートすることにある。ここでいうサポートはコーチングではない。上から目線の「指導」ではなく、仲間目線の「協働」である。ここにキャディイングの本質がある。

キャディを務める通訳者にとっても、単なる通訳の枠を超えて「仲間」として協働できることはやりがいにつながる。

こうしたキャディイングは、企業における海外業務にとどまらず、様々な場面で使われ始めている。

例えば企業におけるクライアント向けのプレゼンテーションにも生かされている。プレゼンの実施者がゴルファーだとすれば、資料の作成やデザインの担当者もキャディといえる。

企業には数多くのプロゴルファーがおり、彼らを支えるプロキャディもまた必要だ。指示するだけのコーチでもなければ、指示に従うだけの部下でもない。一緒になって働いてくれるプロキャディを養成することが欠かせない。

うまく話せない人への対処法

小学校の授業中、先生が問題を出す。「答えがわかる人はいますか」。「はーい」と子供たちが手を挙げる。「お、元気いっぱい。それでは誰にしようかな」と先生。みんなうれしそうに手を挙げている。「それでは、右後ろ側の山本君」。山本君は立ち上がる。

「あれ、どうして黙ってるの」。山本君は立ったまま、先生をぼーっと見ている。「答えが出ないなら、他にわかる人はいるかな」。再度の質問に、みんなが「はーい」。「あれ、山本君。また手を上げてるね。それじゃ、山本君にもう一回答えてもらおう」。ところが山本君は黙ったままだ。

この状況を読者はどう考えますか。「いるいる、こういう子。できないのに格好付けて、できるふりをするんだよね」って感じではないだろうか。読者の中には「できないけれど、ともかく努力をしてるんだから努力点をあげようよ」という優しい人もいるかもしれない。

この状況が見栄《みえ》とか、懸命な取り組みとかではなく、ある種の「症状」なのだとみなす考え方が最近、着目されている。それは「場面緘黙《かんもく》」と呼ばれる症状だ。

簡単に言えば、黙り込んでしまうということである。ある特定の場面において、なぜか黙ってしまう。これが場面緘黙で、若年層に多いと言われてきた。しかしそうではないようだ。

若年層だけではないと考えるのは、企業に勤める読者の方々ではないだろうか。企業内でのミーティング、大事なクライアントとの商談など、様々なコミュニケーションの場で「話したいけど話せない」「話したい内容があるのに、うまく口が動かない」「いやいや、表情すら変えることができない」といった状況が大人にも起きている。

面と向かって話すのは、確かに難しいこともあるだろう。電話会議にするとか、メールに切り替えるとかいった手法で乗り切れそうな気もするが、「場面緘黙症」はなかなかに手ごわい存在だ。

今インターネット上のやり取りで、相手を限定する動きが目に付く。相手を気に入ると「お気に入り」に加え、気に入らないことがあると、あっさりお気に入りから外してしまう。

大人の場面緘黙は、この現象と重なる面がありそうだ。話すことはあるし、話がしたい。でも、それが同時に苦痛でもあるために黙ってしまう。

働く社会人に対する場面緘黙の打開策として可能性があるのは、先に紹介した「キャディイング」だろう。ゴルフのキャディのようにゴルファーを適度に、的確にサポートする役割が、場面緘黙の問題を小さくする可能性がある。

行動経済学で言うところの「ナッジ」をより具体化したものだ。ナッジは相手方に対して、次の行動に進むように肩をたたくことを指す。

キャディイングは肩をたたいて、一緒になって行動する。ゴルファーの悩みや不安に寄り添い、一緒に行動するということだ。大切なのは寄り添うこと。解決策や正解を知らせる必要はまったくない。

企業でのコミュニケーションに支障を覚える一方、仲間や家族とは普通に話せる場合は場面緘黙症の可能性がある。他人事ではない。社会人の誰にもあり得ることだ。筆者も若い頃、この症状に悩まされた経験がある。ぜひ、日常を穏やかに過ごすためにも、自分自身のキャディを探すことを勧めたい。

思考が広がらない一問一答

ある講師から聞いた話だ。近ごろの在宅勤務の増加とともに出てきた現象かもしれない。講師は言う。「私はパソコンのソフトウエア、中でも文書や計算ソフトの使い方を企業勤務者向けに教えているのですが、最近、すごくもうかるのです」

これだけだと講師の自慢話のようだが、事情は少し異なる。

「これまではクラス単位の授業が中心でしたが、様子が変わり、個別授業の希望者が増えたのです。しかも受講者は自分が聞きたいことだけを教えてくれと言います。私が基本的な操作法や全体像を話そうとしても、それはいらないから、自分の疑問に対する答えだけがほしいと。結果的に何が起きたかと言えば……」

ここから先は筆者が要約しよう。個別授業が増えて、講師の収入は上がった。しかも「受講者が聞きたいことだけを答えればいい」から、実質的な授業時間は短い。1人10分ほどの個別授業を、多いときで1日に30～40件こなすイメージだ。

「あたかも、講師の前に『10分だけの疑問』の持ち主が大行列を作っているような状況です」とその人は笑った。

今回の主題はここにある。この個別授業では、教わる側が自分の知りたいことを聞き、それに対してのみ講師が答えるという構図になっている。これはコミュニケーションにおいては、教わる側による『意図的一問一答』の状況といえる。講師の自由度は狭まり、教わる側の我田引水の状況が生まれやすい。

教える側は本来、最初から答えを与えたりはしない。疑問点を投げかけた上で、本人に考える時間を与える。しかも疑問に答えたら「終了」ではなく、その周辺にある関連情報を伝えて知識の幅を広げたり、深めたりする手助けをする。

こうしたやり取りがあってこそ、教わる側に応用力がつくのだが、本人にその意識はない。目の前の課題さえ乗り切ればいいという発想だ。残念ながら、そうした姿勢では次につながるノウハウは身につかない。

「受講生にそれを言っても、なかなか聞いてもらえません。応用力がつけば、別の問題を自分で解けるようになるよ、と言っても『その時は、また先生に質問します』で終わり。指導というコミュニケーションのあり方が変わってきたと感じます」と、その講師は言う。

一問一答で完結する状況は、個別の対応で起きることが多い。集団では、一問一答が集団全体に学びを与える。

小学校の授業を思い出してほしい。先生が子供に質問する。子供の返答に先生が答え、そのやり取りを聞いていた別の子供から新たな質問が出る。先生がそれに答えることでクラスの理解は深まる。こうして子供たちは最初は気づかなかった疑問や、それに対する答えを学ぶ。コミュニケーションから連鎖的な学びが生まれるわけだ。

大人になると、とりわけ仕事に際しては、目の前の課題を解決するためのスピードが重視される。結果的に答えが得られればそれで良し。その答えに至るまでの様々な学びのコミュニケーションは排除されがちだ。

改めて現状を見渡すと、テレワークの普及がめざましい。オンライン会議の画面上には大勢が集まるが、その実体は個別だ。「意図的一問一答」圧力の我田引水が起きていないか、注意する必要がある。

第5章

思考のちょっとした変化でこんなにも伝わる

ちょうど質問しようと思ってたのに！

ある大学で定期的に開かれるミーティングでのことだ。教授や准教授ら約20人がおよそ90分をかけて話し合う。議題は4つ。1つに20分かけると計80分で残りはわずか10分だ。この10分でいくつか質問が出る。そして残りわずか3分ほどで「それ」は起きた。

それまで発言がなかった10人ほどの教授に担当者が「○○先生ご質問は？」「××先生ご質問は？」と矢継ぎ早に質問したのだ。誰も何の回答もなく、最後に「山本先生ご質問は？」と問われ山本先生は何も言わなかった。

担当者は「それでは山本先生からもご質問がありませんので、これで今月の定例会は終了にいたします。お疲れさまでした」と締めくくり、会は無事に終了した。山本先生、すなわち筆者の漠たる思いを残して。

私の漠たる思いについて説明したい。漠たるとは「なんだかよくわからない」「どうしてこうなったのか」という意味合いの表現だ。

筆者は担当者から「ご質問はありますか」と聞かれた。しかし、担当者は「質問がありませんので」と先に進めた。実はそのとき筆者には質問があり、その内容を口に出そうとしていたのだ。ただ、「質問がありますす」と口頭で伝えるまでに数秒かかった。この数秒の沈黙が担当者には「質問無し」と理解されたと推察できる。

コミュニケーションには3つの感覚が必要という考え方がある。視覚、聴覚、触覚だ。3つの感覚を捉えることでコミュニケーションが円滑に進むのだ。まずはコミュニケーションの相手を視覚で捉える（見る）ことが欠かせない。次は聴覚により相手の声を捉える。最後は触覚、すなわち〝触る〟ことだが、実際に触るということだけではなく、視覚や聴覚だけでは捉えきれない行動を触覚と呼ぶ。

ここで言う触覚とは、筆者が質問の回答を声や表情に出せずに心の中で〝もぞもぞ〟している状況のことだ。同時に筆者の無反応に対して、担当者もやはりもぞもぞしている状況を指す。

対話の中で相手に伝えるという触覚がうまく機能していない。「あー、あれ何だっけ。出てこないよ」と心がフル回転している。しかし、視覚、聴覚には何も影響しない。相手はそれを無反応と捉えても不思議はない。

返事をしようとして対応しているのに、時間的に間に合わず、相手側は対応が終了したと考えてコミュニケーションが終了してしまう。筆者は「話したかったのに」と漠たる思いで、担当者は「返事がないならそれでもいいや」と、やはり漠たる思いを持つ。これこそが3つの感覚のうちの触覚の問題なのだ。

返事のタイミング、つまり触覚の迅速な反応、別の表現だともぞもぞ感の短期間での解消の可能性はおおまかに年齢が影響している。若いと触覚反応は早く、年齢の積み重ねとともに触覚は衰えてもぞもぞ感が増す。

超高齢化社会の我が国では、問い合わせに対する回答が出るまでの間に生じる返事のタイミングについて理解を進めてこそコミュニケーションの円滑化につながる。ただし女性の話すスピードは年齢とともに速くなることもあるようだ。女性は年齢に関わらず強いのだろうか？

失敗談を語ろう

トーマス・エジソンは多くの言葉を残している。

「失敗は恥ずかしいことではない。新たな学びの機会を与えてくれる場だ」。エジソンが失敗を悔やんでいる部下に言った言葉だと知り合いの大学教授から聞いた。

物流系の会社のミーティングに参加する機会を得た。そこには12人の課長が神妙な顔つきで座っていた。この会社にはおよそ100人の課長がいるのだが、そこから部長に出世するのはわずかだ。さて、このミーティングは単なる話し合いではなく、課長から部長への出世のための合否判断が目的だ。部長への出世を希望する課長のプレゼンテーションが実施される。合否の判断は3人の取締役が行う。

プレゼンが始まった。今回、出席する課長のうち1人だけが部長に昇格できる。課長たちのプレゼンは上手だった。正直、筆者からすれば全員を部長に推挙しても問題がないように感じられたのだが、結果は意外なものだった。誰も昇格できなかったのだ。

ミーティングが終わってから取締役に話を聞いた。「課長から部長へ出世のために準備をした12人は誰一人として部長に値しないのですか」。筆者の問いに対する答えは「みんなすごいですよ。プレゼン内容のすべてがこれまでの部長候補者の成功体験に紐づいていました。彼らがもし部長になったらあっという間に成功し、いずれは取締役になるでしょう。それどころか社長になれるでしょう。でも、欠けているものがあるんですよ」。

取締役たちが指摘する「欠けているもの」とは何か想像できるだろうか。それは、失敗体験なのだ。エジソンの言葉にあるように失敗してこそ、その体験によって学びが生じる。学ぶことの量が多く、質が高いほど成功の度合いは大きくなる。失敗してこそ成功につながるし、失敗しないことには成功にはつながらないのだ。

取締役たちが聞きたかったのは、課長たちが得た成功を導き出した失敗体験である。失敗した時にどのように考え、何を学び、それを成功に結びつけるのかということだ。つまり失敗談が聞きたかったということになる。

ここに企業におけるコミュニケーションの問題が現れている。出世したい側（部下）にとって、失敗の話をすることは成功の可能性が低いと出世させる側（上司）に伝えることになると考える。一方の出世させる側（上司）は失敗体験が成功に結びつくと考える。双方の言い分が合わないのだ。

最近の企業勤務の永続性のなさ、転職のしやすさがこの不一致にも現れている。人間は成功し続けることはありえない。失敗してこその成功だ。この基本的な考え方を上司や部下を問わずに企業に属する人たちが改めて認識する必要があるだろう。

高齢化や人口減という波にさらされる中、エジソンのしたたかで、長期的な考え方を再認識すべきではないだろうか。失敗についてエジソンはこういうことも言っている。「私は失敗した記憶はない。ただ無数のうまくいかないことがあったのは確かだ。それだけのことだ」。失敗を失敗とうけとめないたくましさが感じられる。

失敗談から人は信用を得る

ある食品販売会社の3年目研修の話だ。人事部長が言う。「みなさん、入社して3年がたちました。この3年間でどんな失敗をしたかを順番に説明してください」

まだ3年目の参加者は自分の失敗の話をしなければならないことに違和感を覚える。「成功の話ならともかく、失敗は勘弁してほしい」。沈黙が続く。そこですかさずに人事部長が「それでは本日の『しかい』である私がまず話しますね」と切り出した。

「今から30年前、私が新入社員の時のことです。当時の社長から『明日はせいそうするように』と言われました。私は新しいスーツにネクタイをしめて社長のもとに行きました。すると社長にコテンパンに叱られたのです」

なぜ社長が怒ったのか。社長が指示した「せいそう」は『正装』ではなく『清掃』だったのだ。新入社員だった人事部長はすぐにスーツを着替えて清掃作業をしたという。そして、この間違いにより、本人の希望かどうかはともかく社内の有名人になった。

企業に勤務する社員にとってコミュニケーションは必須であり日常のことだ。企業だけでなく家族でも友人でもコミュニケーションは欠かせない。そのコミュニケーションで「ほめられたこと」を話すだろうか。「叱られたこと」を話すことはあるだろうか。

ほめられたことは話しやすい。自慢にもなるし、何より自信になる。このため、多くの人がほめられたことは話しやすい。では、叱られたことはどうだろう。自らの失敗を話すのは恥ずかしいし、自分の評価を低くすると考える。このため、失敗については話すことは少なく、ほめられたり、成功したりした話ばかりを伝えがちだ。

しかし、現実には失敗の方が多いし、日常茶飯事ともいえる。野球では3割バッターは称賛されるが、それでも7割は失敗しているのだ。しかし、失敗がコミュニケーションに取り上げられることは少ない。

ある自動車会社の営業担当者に聞いたところ、この人の営業が成功する確率は3割程度だという。ここでの成功は営業が継続することを指しており、仕事を獲得したという意味ではない。１００件の顧客にアクセスしても70件から営業を継続する関係を得られないのだ。野球と同じようにほぼ7割が失敗である。

話を戻そう。冒頭の人事部長は言う。「私は司会者ですが『しっかい者』でもあります。しっかいコミュニケーションの担当でもあります」。悉皆《しっかい》とは「ことごとくすべて」ということであり、包み隠さないという意味を持つ。

企業勤務は長い。入社して3年ほどであれば、上司や同僚などには包み隠さずにコミュニケーションを取る必要がある。そのためには失敗を共有しなければならない。成功には自信や自慢が入り込み、本来の姿が消えてしまうが、失敗には本音が含まれるからだ。

できるだけ早い段階で包み隠さない本音をシェアすることが必要だ。失敗という日常茶飯事で当たり前のことに対して感じる抵抗感を「悉皆コミュニケーション」で排除できれば、その後の人間関係にもプラスになるのではないだろうか。

ノイズかシグナルか――嫌いなものを話し合うコミュニケーション

ＩＴ（情報技術）企業Ａ社の話だ。同社にはＮＴＢという部署がある。ニュー・テクノロジー・ビジネスの略で、いわば新規事業部である。日々、進化を続け、世間の一歩先を行くことが役割だ。

そんな新規事業部なら「これまでになかったアイデアの創造」はお手のものだと思った。ところが現実は厳しい。担当役員は「ＮＴＢのメンバーからのアイデアは出尽くしている。『もはや新たな発想はできない』と自信を失っているようだ」という。何とか自信を取り戻させようとあるセミナーを開いた。

招かれたのはクモの研究を専門とする英国の大学教授だ。なぜクモなのかは後述するとして、教授は参加者に次の質問を投げた。「もっとも好きなものは何ですか」

音楽やスポーツ、観光など様々な答えが飛び出した。ところが、教授は「私は皆様が好きなものには興味はありません」としたうえで、「あなたにとって嫌いなものは何ですか。チームを組んで話し合ってください」と話した。

読者ならこの質問にどう対応するだろうか。嫌いなものや苦手なものは好きなものほどには簡単には出てこないだろう。そういった簡単には出てこない情報を得るためにチームでのコミュニケーションを実施するというのだ。

教授の研究テーマはクモの糸だという。好かれていなかったり不要と考えられていたりするデータから必要なデータを探り出すことが教授の専門だ。教授は必要なデータをシグナルと呼び、不要なものをノイズと呼んでいる。いわば、雑音（ノイズ）の中から好きなものである必要事項（シグナル）を探り出すのだ。

私たちは常に何かを聞いたり、何かを見たりしている。その情報のほとんどをノイズとして無視し、シグナルとして心が認識する情報は1％にも満たないとされる。見方を変えれば、重要な事項はシグナルとなり、重要性が低いものはノイズとなるとも言われる。ただ、実際にはノイズとして理解していることが、実はシグナルである。意外にこれが多いのだ。

自らの興味や好みに関連する情報を心はシグナルと受け止める。一般的にはシグナルであっても、その人の心の動きによってはノイズになってしまうことは日常的と言ってもいいし、その逆もある。

ＮＴＢの新規ビジネスに話を戻そう。好きなものについては、部署のメンバー達は考えを巡らせてきた。しかし、嫌いなものについては考えを及ぼすことはなかなかない。この考えを及ぼさない領域、つまりノイズにこそシグナルが秘められていることを認識し、ノイズをシグナルに転換することで可能性が大きく進化する。

セミナーの最後に、教授は一例としてクモの糸の話を紹介した。クモが好きな人は多くはないだろう。人気がないのであまり注目もされない。しかし、細くても風の動きですぐに切れることのないクモの糸の柔軟性と強度は人工ではなかなか再現できない優れものだ。

セミナーという企業内コミュニケーションで、クモの糸に改めて注目する。ＮＴＢのメンバーがノイズではなくシグナルととらえる発想を身につければ、新たな事業が生まれる日も遠くはない。

デメリットもメリットになる——判断は一様ではない

梅雨は私たちにとってどういう存在だろうか。デメリットだろうか、メリットだろうか。

ある企業の従業員向けセミナーの話だ。セミナーの時間は1時間。そのうち40分ほどは従業員が4人ずつのチームに分かれてコミュニケーションをとる。

チームに最初に与えられる課題は「梅雨のデメリットを話し合う」だった。10分間で梅雨のデメリットを10個挙げる。「湿気が多い」「カビが生える」「洗濯物を干せない」などいろいろとデメリットが出てきた。

10分経つと担当者が「では、話題を変えます。梅雨のメリットを話し合ってください」。すると、参加者は少し沈黙する。基本的に梅雨はデメリットのイメージが強く、普段はメリットはあまり考えない。これまでの話からもメンバーの頭にはデメリットしかない。いきなりメリットと言われても簡単には思い浮かばないのだ。

やっと沈黙が破れ、「雨量不足は農業に悪影響を及ぼす。それを解決する」とか「水不足の懸念が払しょくされる」といったメリット的な話が出てくる。しかし、盛り上がりは欠く。こうして10分がたつと、また担当者が現れて「では再度、梅雨のデメリットについて話してください」と言う。こうしてチームコミュニケーションは終了する。

このセミナーの目的はコミュニケーションにおいてデメリットとメリットを相互に入れ替

えることで、その話題に反応する感覚を養うことだ。企業に勤務していれば、営業であれ製造であれ人事であれ、様々な部署でデメリットとメリットの双方をその場に応じてコミュニケーションする必要があることはおわかりだろう。

販売価格という問題で考えればわかりやすい。あなたの会社の製品の販売価格が競合他社より安ければ話は簡単だ。しかし高かったらどう説明するか。高いと言うデメリットをどのようにメリットに切り替えるかが手腕となる。

アクシス変更という言葉をご存じだろうか。アクシスとは軸のことだ。私たちは世界地図を見ると日本が中心にあると考えるが、それは地図が日本製だからだ。アメリカの地図はアメリカが真ん中で、日本はもっとも右側だ。オーストラリアの世界地図は北半球と逆転しているものもある。

上側が南のオーストラリアで、赤道を挟んで下側に日本がある。北と南がひっくり変えると同時に、日本がひっくり返っているような錯覚を覚える。視点における軸変更が起きているのだ。どの国も自らの国が中心であり、上部だと考えるのだ。

国家はともかく企業はこうはいかない。軸を状況に合わせて変化させる必要がある。販売価格が高いというデメリットをメリットに変えなければならない。「価格は製品の質を表します」と顧客に伝えれば、デメリットがメリットに軸変更されることもある。

セミナーの目的はデメリットをいかにメリットにするか、競合他社のメリットをいかにデメリットにできるようにするかを学ぶことなのだ。梅雨というデメリットをメリットにした最高の事例の1つは「梅雨は老化の原因の乾燥を抑える」ではないだろうか。筆者にはありがたい話だ。

先験的確率と経験的確率

あるハンバーガー店のことだ。この店には毎月の最終日曜日の午後9時に「メンバー」が無料でハンバーガーを食べるイベントがある。メンバーは店長が選んだ10人の顧客。職業や性別、年齢もばらばら。メンバーはハンバーガーを食べながら様々なことを話し合い、店長が耳を傾ける。

先験的確率という言葉を聞いたことはあるだろうか。サイコロを思い浮かべるとわかりやすい。1から6までどれが出るかはサイコロ任せ。まず間違いなく6分の1というのが先験だ。サイコロのどの目も確率は6分の1。「1を出したい。出てくれれば1万円あげる！」と言ったところで、可能性は変わらない。このようにもはや決まっているものを先験的確率と呼ぶ。

企業で勤務している場合、クライアントが契約を結んでくれるかどうかは非常に重要なことだ。契約を獲得したいと考えている企業の社員が社内でこう言ったとしよう。「相手は山本部長か。彼とは長年の付き合いだからわかるが、彼はようするに金額しか見てないよ。安いかどうかだけだ」

この企業では山本部長は金額に固執しており、それ以外にはなんの興味もないという情報を得ていることになる。こうなれば担当者が山本部長に新たなコミュニケーションの手段を探ったところで何の意味もなさない。つまり担当者からすれば、山本部長にかかわる事象の先験的確率は決まっている（安くなければゼロパーセント）ことになるとも言える。

会社には長年経験を積んできた先駆者がいる。先駆者が過去の事象を知ることによって学んだ確率は先験的確率とも言える。しかし、この確率に依拠してしまい、もはや新たな方策を探るコミュニケーションの欠如が横行してはいないだろうか。先駆者が語ることはサイコロと同様にあらかじめ確率が決まっていて、一切変化しないという思い込みがあるのではないだろうか。

先験的確率とは「もはや決まっていること」ともいえる。一方、先験的確率とは異なる考え方として経験的確率が存在する。既存の先験に頼るのではなく、最近の状況や経験なども交えて確率を判断する。これを経験的確率という。先験的確率が過去に執着する可能性がある中、経験的確率は過去に執着しないともいえる。

ハンバーガー店でのメンバーの自由なコミュニケーションで、店長が知ることができるのはメンバーたちがその月に経験したことだ。「今までにはないほど外国人の数が増えている」とわかれば、店長は翌日から調査する。その結果、日本語学校で学んでいる学生が増えているとすれば、それに対応したハンバーガーを準備する。周辺に宿泊施設ができれば、夕食時のハンバーガーの数量が増えると見て対応をとる。

いずれもメンバーたちとの過去に執着しないコミュニケーションによって得られる情報だ。この経験的確率をしっかりと生かすことができれば、業績を伸ばすことが可能にもなる。グローバル化が進むということは大きな状況変化が起きるということだ。この変化をとらえるためには、先験的確率ではなく経験的確率につながるコミュニケーションが必要だ。

合理性とイリュージョン

あなたがある島を訪れてみると、そこには2人の島民しかいなかった。しかも2人とも理容師だった。髪が伸びていたあなたはちょうどいいと考えて散髪してもらうことにした。2人の姿を見てみると、A氏の髪はスッキリときれいにカットされている。一方のB氏の髪はボサボサだ。さて、あなたはどちらの理容師に髪を切ってもらいますか。

読者の方々はだまされないだろう。その通り「B氏にお願いする」という答えが正しい。髪を自分できれいにカットするのは難しい。鏡に自分を映しながら切るとしても簡単なことではない。結局は自分以外の人にやってもらわざるを得ないのが一般的だ。

そうであれば、髪がきれいなA氏はB氏がカットしたことになる。逆に言えば、A氏の頼りないカット技術により、B氏の髪がボサボサになっているということだ。

ここで「合理性」と「イリュージョン」について話したい。合理性は合理的ということだが、当たり前という意味も含んでいると解釈できる。「かなり単純で間違うことなんてない当たり前の真実」ということでもあるだろう。一方のイリュージョンは幻想であり、手品で使われる技術でもある。要するに本物のように見えてしまう偽物ということだ。

最初の例え話でいえば、A氏とB氏のどちらが理容の腕が優れているかはお互いにわかっている。当人同士でヘアカットしているからだ。A氏は自分の技術がB氏に劣っていることを理解しているし、B氏は自分の技術がA氏を上回っていることを知っている。

しかし、その島に来たばかりの人たちはイリュージョンにはまってしまうことがある。髪がきれいな理容師であるA氏の技術が優れていると感じてしまうことがあるのだ。髪を切っているのが誰なのかという合理的に考えればわかることを判断できなくなる。

この話を単純化すれば「見た目ではなく中身で判断することが重要だ」ということになる。読者の皆さんの勤務先でもよくあることではないだろうか。見た目だけで判断されてしまい、(見た目がよくない誰かが)苦汁をなめることは珍しい事ではないだろう。

ここで重要なのは島を訪れた人がA氏、B氏とコミュニケーションをとるだけで、どちらの技が優れているのかがわかるということだ。「A氏の髪を整えたのは誰ですか?」という簡単な質問をするだけで、イリュージョンから抜け出せる。

人手不足が深刻になる中、日本では外国人労働者が不可欠な存在となりつつある。彼らは日本で仕事をするためにやって来るが、日本語という点でのコミュニケーションが苦手な人も多いだろう。

すると見た目の判断というイリュージョンに陥ってしまうこともあるに違いない。来日する外国人の生活を快適にするためにも、労働力が必要な日本企業はしっかりコミュニケーションがとれる環境を整える必要がある。それがイリュージョンから逃れる最善の方法だ。

おばけ屋敷はなぜ怖いのか

夏と言えば「おばけ屋敷」の季節だ。暑さは吹き飛び、体も心もひんやりする。おばけ屋敷の入り口近くにいると屋敷の内側から絶叫が聞こえ、出口からは涙目の客が出てくる。絶叫して泣くぐらいだったら高い入場料を払って入らなければいいのにとも思うが、人気は衰えない。

読者はおばけの存在を信じておられるだろうか。筆者は信じていないが、おばけは怖い。心臓がバクバクする。信じている人も、信じていない人もおばけを怖がる。ドキドキする。

これって不思議ではないだろうか。

なぜ、人はおばけを怖がるのか。そこには様々な理由があるのだが、コミュニケーションのありようと人が持つ反応要素が、そのおばけを怖がる理由の一つと考えられる。コミュニケーションにおいて必要な3つの反応要素がある。それは「積極性」「協調性」「責任感」だ。この3つに私たちの心は反応する。

人は積極的にコミュニケーションを行うことを良しとする。会社内のミーティングであろうが客との商談であろうが、コミュニケーションに積極的でなければ、やる気がないとのマイナス評価になる。

協調性は相手とのコミュニケーションでの反応のありようだ。相手の言うことに納得して合わせて、相手を否定しないようにすることで相互関係を成立させる。その関係ができれば私たちは安心し協調できる。

3つ目はコミュニケーションの相手に対して責任感を持って対応するということだ。相手はこちらが責任感を持っているかどうかを重視する。責任感は極めて重要で、3つの反応要素の中でも最も影響力があると言われているのだ。

おばけに話を戻そう。私たちはなぜ、おばけ屋敷のおばけに反応するのか。なぜ絶叫して涙を流すのか。私はその理由として、おばけが3つの反応要素に反応してくれないことがあると思う。おばけは「うらめしや」などと言って私たちを怖がらせに来るが、そんな存在に人間は積極的になれない。目の前におばけが現れたときに積極的には近づかないし、当然のこととして協調することもない。

責任感も同じことだ。私たちは責任を果たせないということに対して、自分自身が許せないという傾向がある。責任は果たさなければならないと考える。しかし、おばけ屋敷のおばけを前にしてどのような責任を果たせるのだろう。結局はコミュニケーションを取ることは不可能なのだ。

私たちはおばけ屋敷の中では3つの反応要素の呪縛にはまってしまう。そして、おばけ屋敷を出て、日があたる日常空間に戻ると呪縛から解放される。一緒の人たちと「怖かったねー。次は何をする?」と話す通常状態に戻るのだ。

おばけ屋敷から出るということは、異常な状態から自らを解放するということだ。企業勤務というのはおばけ屋敷にこもっているようなものとも言える。コミュニケーションの3つの反応要素に偏ってしまうと「おばけ上司」「おばけ部下」「おばけ顧客」の呪縛にはまる。読者は、この罠にはまってはいけませんよ。

コミュニケーション危機は11月に

バスタブを横から見た状態を思い浮かべていただきたい。バスタブは左上が高く、右に向けて徐々に低くなり、その後、下点にたどり着くと平行になり、最後は右上に向かっていく。

この形状を別名「バスタブ曲線」と呼ぶ。曲線の横軸は時間を指し、縦軸はミスが起こる度合いを指す。

バスタブ曲線はもともと、機械設備などの製造時のリスク管理に利用されてきた。例えば、新型テレビを工場で量産するとしよう。この新型テレビに不良品が混じったり、販売後に故障が起きたりする確率を表したのがバスタブ曲線なのだ。

新型だから、そもそも設計段階からミスがあるかもしれず、作り始めは何かと不具合が生じやすい。しかし、時間が経つにつれて問題は解消されていく。作り手は仕事に習熟し、利用する側もテレビの操作に慣れて不都合は減っていく。

　こうして初期段階が過ぎ、中間段階になると、ミスはほとんどなくなる。しばらくはバスタブ曲線の底面のように、平穏に時が過ぎる。

　だが、いつまでも同じ状態は続かない。いつの間にか、ミスが再び増えていく。時間の経過とともにテレビの製造装置が劣化・摩耗したり、油断による人為的なミスが起きたりするのだ。こうして曲線の右側が上向きになり、バスタブの形状ができあがる。

　実はこのバスタブ曲線、企業内のコミュニケーションにも当てはめることができる。

　あなたが営業部で、取引先にテレビを納めたとしよう。バスタブ曲線と同様に当初はミスが起きやすい。それに対処するため顧客とコミュニケーションをとる機会が増える。それも徐々に減って、いずれなくなる。

　だが、しばらく時間が経つと、部品が劣化したり、摩耗したりして、結果、顧客とのコミュニケーションが再び増えることになる。こうしてコミュニケーションにおけるバスタブ曲線ができあがる。

　縦軸をミスの頻度ではなく、緊張度や不安度に置き換えてみてもいい。心の中に芽生える

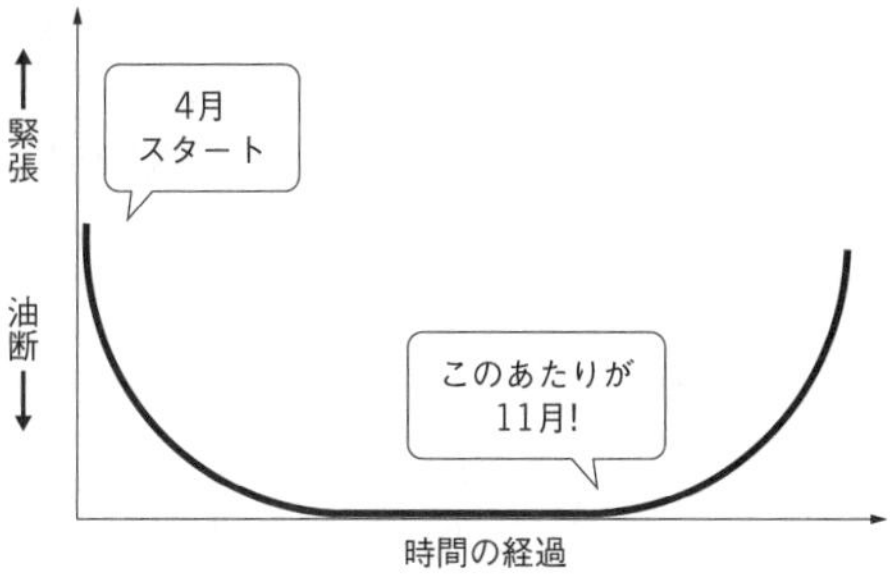

疑問度でもいいかもしれない。

企業で毎年度、繰り返される光景があるはずだ。例えば年度初めの4月、社長や担当役員らが社員に向かってあいさつをする。「昨年度のような状況は打破して、今年は頑張ろう」と檄《げき》を飛ばす。

「昨年度の状況」とはバスタブ曲線の左側にあたる。新年度が始まり、様々な挑戦とともにあれこれとトラブルが起きる。社長や役員とのミーティングは増え、ストレスは高まる。だが問題が解決するにつれ、曲線は下を向く。ミーティングの回数は減り、内容が希薄になり、最後には忘れてしまう。

しかし、ここで油断が生じる。バスタブの「水位低下」現象が底を打つとされるのが、年度スタートなら11月あたりなのだ。

ある医療系の企業は毎年、年度初めからの企業内コミュニケーションやミーティングにおける緊張度、目標の達成度合いなどを数値化している。その結果、数値が最も低下するのが例年11月なのだそうだ。

油断をしていると、クリスマスや正月を迎えて、さらに水位が下がる恐れすらある。年度末の3月末に向けて成功を確かなものにするために、再度、コミュニケーション・バスタブの水位を確認しておきたい。

ウルトラマン、3分の理由

とあるBtoC（消費者向け）企業に招かれた。筆者は大学の教員だ。講演でもしなければいけないのかと思っていたが、先方の社長からはこう言われた。「山本先生に講演してもらっても従業員はみんな寝てしまいます（笑）。それよりも従業員たちが寝ることなく、かつ効率的に社内会議が盛り上がる仕組みを、先生に見せたかったのです」。社長はこう言って、私の前に直径6センチ弱の円形の青白いタイマーを置いた。

誰しも「ウルトラマン」はご存じだろう。円谷プロダクションが生み出したヒーローだが、実はテレビで楽しむエンターテインメントの世界を超えて、様々に応用されている。

ウルトラマンが敵と戦える時間は3分間である。180秒という限られた時間の中で敵を倒すという「結論」を導き出さねばならない。3分以内という時間を厳守するために、2分30秒あたりを過ぎるとウルトラマンの胸部のカラータイマーが赤色に点滅を始める（ウルトラマンレオはより正確に2分40秒といわれている）。

テレビを見ている側は「残り時間はあと少しだ。ウルトラマン、頑張れ！」と緊張する。筆者は何度もウルトラマンを見てきたが、ものの見事に3分足らずで敵を倒し、空のかなたへ去って行く。

社長は言う。「社内で従業員同士や上司を交えてミーティングを開くのですが、だらだらと話が長引くのですよ。だから3分にしたのです。でもいきなり3分で話を打ち切れば中身が中途半端になるし、話す側も聞く側も『結局なにが言いたかったのか分からない』という事態になりかねない。そこでカラータイマーが必要になるのです」

社長が筆者の目の前に置いたのは、このためのカラータイマーだったのだ。タイマーの仕組みはこうだ。まずタイマーに手を触れる。すると青白く光って3分という時間をはかり始める。そして2分30秒で赤の点滅が始まる。残り時間は30秒だ。

　持ち時間があらかじめ3分だと分かっていても、いざ話を始めると残り時間の意識は薄れがちだ。この点、カラータイマーが点滅すれば、残り時間を意識した行動をとることができる。聞き手側も「そろそろ結論が来るな」と心の準備ができる。

　なぜウルトラマンは3分なのか。その理由はボクシングにあるらしい。ボクシングは1ラウンド3分である。知り合いの大学のボクシングチームの監督に聞くと理由を教えてくれた。まず選手の体力だ。手足だけでなく、頭、首、目線など、体中をものすごいスピードで動かすため、3分が体力の限界という。

「プロだと、3分の理由はもう一つあります」と監督は言う。その理由が興味深い。観客の緊張感の維持だというのだ。ボクシングをぼんやり見る客はいないだろう。選手のものすごい動きを、見逃すものかと必死で追いかける。パンチが当たるその瞬間を見定める。「この緊張感を保てるのは、3分が限界なのです」という。

　誰かが話す。話した内容を聞き手は理解する。長い時間をかけて話しすぎると、聞いている側は聞いている内容の把握がおろそかになる。過剰な情報量に対応しきれなくなる。話す、聞くの双方が満足する度合いが3分間ということなのだ。

この3分ルール、ぜひ読者も試していただきたい。

「テンションマックス」の意味

IT（情報技術）企業のある部長に会ったときの話。「この前、大学院を出た新入社員がやって来て『テンションマックスで頑張ります』って言うんだ。彼は物理学を学んできたのに、おかしいよね」。さて、読者の方々はどう思われますか。おかしな部分はありますか。

テンションといえばやる気を思い浮かべる人が多いのだろう。だからテンションマックスは、やる気バリバリのイメージになる。だが部長はそこに「?」マークを感じたのだ。

英語のテンションは、医学系であれば緊張状態を表す。精神科系であれば不安状態を表し、電気系だと電圧を示す。

この部長や新入社員が専門とする物理学の分野なら張力を指す。いずれにしろ、テンションが高いということは緊張、不安、電圧そして張力が張りつめている状態であり、決してプラスを表しているわけではない。

ところが日本でテンションがマックスだといえば、一般に最大限のやる気を意味する。ちなみに米国人の友人に聞いてみたところ、返事は「やる気を表す言葉ならモチベーションだよ。テンションは使わない。日本ではそう使うの？　米国でもマネしようかな」と笑っていた。

日本ではいつからこうなったのだろう。「正解」は分からないが、知り合いの医師がこんな見方を話してくれた。彼は「血圧の測定で上が140を超えてくるとハイテンションということがある」と言いつつ「血圧が高い患者に向かって『心理的なストレスが原因だ』とは言いにくく、『一生懸命、無理を覚悟で仕事をしたからでしょう』と説明した結果ではないかな」。

これは認知心理学でいうポジティブ錯誤に当たる。医師は「無理を覚悟」をネガティブに捉えているのだが、説明を聞く側は「無理を覚悟で、頑張ってよく働いた」とポジティブに受け止めたということだ。仮説だが、こうして日本では「テンションマックス」がプラスの意味に転じたのかもしれない。

テンションという言葉の使い方が正しいか否かはいったん置いて、ここからは「テンションマックス＝やる気マックス」の状態を作り出すためのポイントを紹介しよう。

先ほどテンションの意味を2つ挙げた。緊張と不安だ。私たちはこの緊張と不安を2通りに受け止めることができる。緊張や不安をぬぐい去ろうとしてやる気が出てくることがある。Aパターンと呼ぼう。一方、緊張や不安を払拭するためにやる気をあえて止める場合がある。これをBパターンと呼ぼう。

一般的にはAパターンは若手社員に多く、Bパターンは管理職に多いといわれるが、これも人による。Aの若手社員は緊張・不安よりも新規の事象（業務作成・顧客獲得）に対してポジティブに向き合える。Bの管理職は経験があるゆえに、その実態を知るがゆえに、緊張・不安を受け止める場合と「これは避けたほうがいいな」とネガティブにとらえる場合がある。

Bパターンは経験値にたけてはいるが、ともすればそもそも緊張・不安を受け止めることすら「しない」ことになりかねない。こうなると、そもそも企業にいる意味がなくなり、企業価値の減少につながる。このごろBパターンの社員が増えているのではないだろうか。

緊張や不安を避けてばかりいると、ポジティブが減少し、企業の伸びも止まってしまうのだ。適度にテンションを上げよう。

緊張と弛緩の「無限連鎖」――テレワークは効率的なのか

ピンポーンと玄関のチャイムが鳴る。どこにでもある日常だ。「宅配便です」。自宅の部屋でパソコンを使って作業していたが、あわてて玄関を開ける。受け取った荷物は、勤務先から送られてきた資料だった。

パソコンで仕事を再開すると、また宅配便のピンポーン。今度は読みたかった本が届いた。ページをめくり、心がなごみかけたところで、電話が鳴った。勤務先からだ。「これから電話会議をしたいけど、いいかな」。再び緊張モードに入る。

電話会議を終えて再びパソコンに向かうと、今度はメールだ。「30分後にテレビ会議を始めます」。大慌てで仕事用のシャツに着替えて顔を洗い、髪を整える。画面に下半身は映らないから下はパジャマのままだ。

「あ、コンタクトに変えないと！　メガネ姿は恥ずかしい」と緊張する人もいるだろう。だが、新たに届いたメールの知らせは「テレビ会議ではなく、電話会議に切り替えます」。

せっかく着替えたのになんだよ。シャツを脱いで、上のパジャマを着直した。緊張が再び緩んだ。

会議が始まる前にコーヒーでもいれようかと台所に行く。家族がつけたのか、テレビから人気芸人の声がする。アハハと笑って弛緩《しかん》していると、湯沸かし器がピーピー鳴ってドキッとした。

コーヒーができた。鼻歌まじりでカップに注いでいると、部屋のパソコンから「山本さん、電話会議が始まっていますよ。そこにいますか」との大きな声が。慌てて部屋に戻った。

テレワーク（遠隔勤務）には様々な利点がある。通勤時間は不要だし、面倒な上司は近くにいないし、ランチの大混雑を避けることもできる。

一方で問題点も見え始めている。それは緊張と緩和の「無限連鎖」だ。緊張状態が勤務時だと考えれば、緩和は自宅で過ごす時間といえる。

私たち日本人は、緊張と緩和をごく自然に重視してきた。働くときは緊張感を持ち、自宅ではゆったり過ごす。これで心の均衡状態を保つわけだ。

1日の時間の使い方を思い浮かべてみよう。例えば午後7時に自宅に戻り、午前0時に寝るまでの5時間と、翌朝6時に起きて8時に出勤するまでの2時間の合計7時間は「緩和」に当たる。その後、仕事による緊張が7時間続き、再び緩和が7時間続く。合間に睡眠や移動が計10時間入って1日が過ぎる。

大事なのは緊張と緩和がほぼ7時間ずつの「塊」になっている点だ。ところがテレワークだと、この7時間緊張に緩和がどんどん入り込み、緩和の7時間にも緊張が入りこむ。

これでは緊張状態での能力が落ち、緩和における弛緩度合いも落ちてしまう。中途半端に働きながら中途半端に休む14時間となるのだ。

テレワークをするのであれば、自宅に業務用の机、椅子、パソコンは必須だろう。その上で、自宅における留守状態、つまり自宅には「いる」けれども、自宅には「いない」状態を作り出すことが重要だ。

家族にも宅配便にも郵便局にも、そして何より自分自身が自宅にはいるけれど自宅にはいないという緊張状態を7時間保つことが必須なのだ。テレワークのメリットを享受するために在宅時の勤務についてより具体的に考えることが今、必要だ。

テレワーク体操で孤立脱却？

「みなさん、おはようございます。朝礼を始めます。本日は山田さんの担当です」

「山田です。今朝は体操をやりたいと思います。みなさん、長引く在宅勤務で体を動かしていないですよね。まずは背伸びの運動から。しっかり背筋を伸ばしてください。次は体を横に曲げる運動……最後は深呼吸です。はい、お疲れさまでした。今日も頑張りましょう。では、切ります」

切るというのはスイッチである。テレビ会議の中継が終わった。これがテレワーク型の朝会であり、ラジオ体操ならぬ「テレワーク体操」の登場だ。

多くのコミュニケーションやそれによる情報共有がインターネットを介して可能になった。在宅勤務がしやすくなって、交通移動時間の短縮や経費の抑制などへの期待がある。加えて新型コロナウイルスの感染症対策もあり、ネットを活用した在宅勤務が急速に広がった。余談だが、筆者が勤める大学もオンラインでの講義、コミュニケーションが常態化した。

ここで気をつけなければならないのが孤立である。孤立とは「一人きり」の状態だけではない。周囲に複数の人がいたとしても安心できないのが厄介なところだ。複数の相手とコミュニケーションを取っても「人間としての感覚がない状態」では孤立感が生まれてしまう。

人には5つの感覚がある。視覚、聴覚、触覚、味覚、嗅覚である。これらが整ってこそ、人間同士の対話は実りあるものになる。画面経由のテレワークでは視覚、聴覚は機能するが、触覚や味覚、嗅覚は働かない。

握手も文書の受け渡しもできないから触覚は働かない。味覚・嗅覚は人間の香りととらえればいいだろう。人間のもつ香りは五感に働きかけ、最終的に孤立感を消すのに役立つ。

逆に視覚、聴覚だけのコミュニケーションには孤立感が伴う。宇宙飛行士が典型例だ。一人で地球を離れた飛行士には当然、孤立感が生まれる。スタッフがいる地上の局との交信も視覚、聴覚だけとなる。

今、「3連」が重要視されている。3つの連は「連帯」「連携」「連合」を指す。視覚と聴覚だけでは孤立を招き、かといって触覚・味覚・嗅覚は使えない。こんなとき、状況を補う策として3連が効果的なのだ。

人間は相手とあるいは仲間と連帯、連携、連合している感覚をつかむことにより、孤独感を排除することができる。だがそれを実現するのは、実は簡単ではない。例えば部長が「わが社は皆で連帯・連携・連合しています」と言ったところで、心理的に大きな変化は起きない。

その解決策が朝のテレワーク体操なのだ。皆と一緒に体を動かす。タイミングを合わせて動く。スピード感覚も合わせる。いわゆる連動状態となる。この連動が連帯・連携・連合を呼び覚まし、視覚、聴覚と合体して五感が満たされる。

テレワーク体操にはもう一つ利点がある。それは笑いだ。部長や部長補佐といった年齢が高い層の体操は体の衰えとともにぎくしゃくしている。偉い人の下手な体操を、パソコンから真正面で見て、普段は不満に思っている若年層は大笑い。これでますます仲間意識が生まれ、連帯・連携・連合が強化されるというわけだ。

あなたの近くにもいる「四つ葉のクローバー」

「あっ、四つ葉のクローバーを見つけました」。女性社員が声を上げた。隣の男性社員が「あ、そうかも」と続いた。

そこへ課長が乗り出して「確かに四つ葉だ。次の人事異動に向けて動き出そう」とほほ笑んだ。

四つ葉のクローバーはおよそ1万分の1の確率で生まれる。なぜ四つ葉になるのか、いまだ定説はないようだ。人間や動物が踏んで、三つ葉のクローバーがケガから四つ葉になった説。今は進化の途中、つまり将来はすべてが四つ葉になるという説まで様々ある。

さて、冒頭の会社員らは公園で四つ葉のクローバーを探していたわけではない。彼らは企業の人事部に所属している。社員数はおよそ8千人で、30ほどの部署がある。それぞれの部署にいる四つ葉のクローバー、すなわち異動後も業務の拡大に貢献してくれそうな「有望な人材」を探していたのだ。

四つ葉のクローバーを見つけるのが難しいのは、数の少なさだけではない。4枚の葉がすべて表面に出ているとは限らず、どれか1枚が他の葉っぱの下に隠れているような場合もあるからだ。4人が並んで歩いているのではなく、3人が先頭で1人は後ろにいるイメージだ。

企業の各部署には「三つ葉」の社員が大勢いる。その中から「四つ葉」を探す。ときには前面の3枚の陰に隠れている後面の1枚を探し出す。本来は前にいてしかるべきなのに、何らかの要因で後ろにいるクローバーの存在を見いだすわけだ。

彼ら彼女らの能力を見極めつつ、4枚目の葉を前面に「異動」させる。別の部署に異動させてもよし、同じ部署内で担当を替えてもよし。組織の中で埋もれていた4枚目の葉を最大限に活用すること、これも人事部の大きな業務目的である。

企業において、なぜ4枚目の葉が隠れてしまうのか。認知心理学でいう「コミュニケーションの苦手さ」が一因として挙げられそうだ。

昨今は新型コロナウイルスの影響もあり、また、それ以前からオンラインのリモート（遠隔）業務が奨励されていたこともあり、オンラインでのコミュニケーションに参加する機会が増えている。

さて、このオンライン会合には通常、参加者一人ひとりの顔が個別に表示される。このとき、会話が苦手な人は存在感が薄れがちだ。進行役に促されなければ特に話さず、表情もあまり変わらないと、いつの間にか取り残されてしまう。コミュニケーションを取りたくないのではない。状況が苦手なだけだ。

筆者は小学生の頃、医師から「場面緘黙症《かんもく》」と診断されたことがある。これは四つ葉のクローバーのように、およそ1万分の1の確率で生じるらしい。学校や職場といった大きな集団の中ではうまく話ができないが、友達同士とか、先生との個別面談といった場面では自由に話ができるのだ。

能力に差はないのだが、コミュニケーションに問題があると組織から着目されにくい。もったいない話だ。4枚目のクローバーの存在を組織から見いだし、活用することで企業の人事は活性化する。これが冒頭に紹介した人事部の役割だ。

農業とコミュニケーションの意外な接点

群馬県の野菜農家、Aさんのもとで、サービス業B社の従業員が汗を流して働いている。

Aさんは言う。「私たちは有機栽培にこだわっています。B社の皆さんも有機野菜について学ぶことで、今後の業務の成功につながると思います」

B社はサービス業で、農業とは直接の接点がない。それなのに、なぜ有機野菜の育て方を学んでいるのか。

Aさんは問いかける。「ご参加の皆さん、有機野菜と無機野菜の違いは何ですか」

読者の皆さんはどう答えるだろうか。有機野菜は農林水産省の有機JAS（日本農林規格）法で定められている。簡単にいえば（それでも難しいが）化学物質を使わない農産物である。

Aさんは話す。「有機野菜は、動植物を起源として、その老廃物や死骸を生かして栽培する野菜です。いわば自然のまま、ありのままということです」

一方で無機野菜という表現は一般には使われない。Aさんも当然知っており、有機野菜の反対は「農薬や化学肥料を使って育てた野菜」だと分かっている。農薬という無機質の薬剤を使って育てられた野菜も、もちろん有機栽培とは呼べない。

さて、Aさんが企業の従業員相手に手がけている研修は、農業そのものを学ぶのが主たる目的ではない。サービス業の従業員に「有機と無機の違い」を実体験を通じて知ってもらうのが狙いだ。有機栽培は自然が相手。しかも農薬を使う栽培法より格段の手間がかかる。

一般にサービス業では、対人コミュニケーションが必須となる。この「人と人」のコミュニケーションのあり方を学ぶ際に有機農法が参考になるのだ。

「例えば（人体に害のある）農薬入りのコミュニケーションはサービス業ではあり得ませんよね。お客様に農薬をまくことはできないし、無農薬のお客様だけを選別することもできません。デパートやスーパーなどを含むサービス業の本質は『人間という有機物を対象にした有機販売』なのです」とAさん。

改めて有機野菜とは何かといえば、自然のまま、ありのままの野菜だ。企業の販売活動におけるコミュニケーションの相手は有機であり、有機販売なのだ。人間も（法的な制限がある場合を除き）自然のまま、あるがままにふるまうのが普通だ。

デパートを例に取ろう。ここは有機販売の現場だ。ありのままに来客を受け入れる。中には「害虫」とおぼしき客もいるだろう。できれば無農薬で問題のない客だけを相手にしたい。

しかし現実には人と人の有機的な触れ合いがあり、様々なコミュニケーションが存在する。職場外では付き合いたくないような相手とも話をする機会があるだろう。こうした状況下でも良好なコミュニケーションを維持するポイントは、双方が「有機」を認識することだ。

顧客に対して一方的に、無機的に対応するのは、もちろんNG。その上で大切なのは「お客様は神様です」とすべてを受け入れるのではなく、「お客様も有機です。時には害虫になる」と発想を変えることだ。

そのときデパートの販売員も「有機店員」になる。有機と有機。来客が店に害を及ぼすのであれば、ときには遠慮なく対抗すればいい。人間同士のコミュニケーションは、有機同士の実りあるやり取りにしたい。

料理とコミュニケーションの共通点

「それではCCレッスンを始めます。まずはクッキングのCから」――。これは東京・神田で開かれている企業研修だ。会場には女性が多いかと思いきや、男性の方が多い。

講師が言う。「今日は煮っ転がしを作ります。素材は里芋です。まずはチームで皮をむき、下ゆでをしてください」。こうして4人1チームで素材の調理が始まった。

「皆さんの前に味付けの材料が並んでいます。それを使って調理します。本日のお題は『仕事でミスを犯し、午後からお客様の所に謝りに行かなければならない。その前のランチで食べる煮っ転がし』です。里芋の味付けをどうするか、まずはチームで10分ほど話し合ってから、調理にかかってください」

さて、どうして料理の味付けと、会社における顧客対応が関係するのか。読者も疑問を持つだろう。これがCC、すなわち「クッキング・コミュニケーション」の狙いなのだ。

調理には甘味・苦味・塩味・酸味・うま味の5種類が必要とされる。煮っ転がしのために用意した調味料は、この5種類に対応している。里芋に甘味を加えたければ砂糖を、塩味なら塩を、酸味なら酢を加えるといった具合だ。こちらはクッキングの部分。

そしてコミュニケーションの部分は、大切なクライアントに対してミスを犯した、そのことにどのように対応するのかがポイントになる。

今日の午後から謝罪に行くにあたって、同僚が「反省し、落ち込んでいる」という状態であれば、相手のもとに元気よく行くために甘味を増やしたいところだ。担当者の反省が十分ではないのなら、塩味や苦味を効かせるのがいいだろう。

甘くするとか、塩味や苦味で厳しくするとかだけでなく、本人の眼をさまさせるために酸味を加える手もありそうだ。先方には素直に謝るが、それとは異なるアプローチもしてみたければ、うま味も加えたい。

クッキングにおける素材の調理手法は様々で、それはコミュニケーションの手法につながる。これがＣＣレッスンだ。

味付けの好みは状況により、人それぞれなのだが、バランスを保つことは重要だ。甘味だけなら太ってしまう。顧客に甘くするだけなら先方はどんどん重くなり、担当者は支えきれなくなる。塩味を加え過ぎると高血圧で脳卒中になる。クライアントに塩対応すると、あるとき担当者とは縁が切れる。苦味も酸味も同じことが起きる。

レッスンの参加者に感想を聞くと、多くが「最も重要な味はうま味だ」と口をそろえた。

コミュニケーションで謝罪といえば塩味や苦味、なぐさめの甘味。称賛なら甘味一色だろう。あっという間に結論が出る。

だが企業におけるクライアント対応は一時《いっとき》のものではない。長く続くのだ。そのためにはうま味が必須だ。

うま味とは何か。うま味には「足りない部分を補い、多すぎる部分を減らす。仲（中）を取る役割があるんです」とレッスンの先生は言う。

「社会人として勤務に集中する人はつい、うま味を忘れます。甘、塩、苦、酸は目立ちますが長続きしません。ビジネスの長続きにはうま味が必要です。あなたにとって必要な、ビジネスのうま味はなんですか」。読者は何だと思われるだろう。

一歩下がって二歩進む——最後に一歩進めばよい

英国の大学に勤めるM先生のつぶやきだ。先生は医療におけるコミュニケーション技術を研究している。「日本には『三歩進んで二歩下がる』という歌があるそうだね」

M先生はカラオケ好きで、日本にも歌いに来たほどだ。歌謡曲に興味を持ったのかと思ったら、少々趣が異なっていた。

医療において患者に現状を認識してもらうことは重要だ。何かの重病にかかったとしよう。どのようにすれば回復するのかに患者は着目する。一方、医師は悪化を止める方に着目する。まずは悪化を止めてこそ、回復が始まるからだ。

患者は回復に向けて「大丈夫」という言葉を医師から得ようとする。医師は回復に必要な手立てを考え、「それはダメ。やめましょう」という修正点を患者に伝えがちになる。

両者とも回復を願っているのだが、患者は「大丈夫」への賛意を求め、医師は賛意よりも修正すべき部分に注目し、そこを伝えることになる。この結果、患者と医師に意思疎通のすれ違いが生じてしまう。

医師だって患者を励ましたいのだが、現実に課題を抱えている以上、すべてに賛同することはできない。M先生はこの点に着目し、「三歩進んで、二歩下がる」に興味を持ったのだ。

M先生は「英語圏には『二歩進んでは一歩下がる』という言葉があります」と言う。これも一歩ずつ着実に進むことが大切だという教えなのだが「一歩だけ進むのではダメで、結果的に一歩進むためには、二歩以上歩かなければなりません」。

ここで「一歩」とはいえ、前に進むには何が必要かといえば、それは賛意だ。医師の後押しなしに患者が前を向くのは難しい。何の目標もなく、足を進めることができるだろうか。

何らかの目的と、その目的に賛意を示してくれる人がいることで、人は前を向いて歩き出せる。後押しの賛意がなければ歩み続けるのは難しい。

「もし、歩み続ける目的が否定されれば、その人は止まるしかない」とM先生は言う。「そこに賛意があるから一歩ずつ前に進めるのだ」と繰り返す。

ここからは少々ややこしいが、付いてきてほしい。M先生の解説はこう続く。「前に進むためには理由が必要です。その理由は目的で成り立つ。その目的は否定により生まれる。否定があるとそれを解決するための目的が生まれ、目的達成のために歩き始めることになる」

まず否定があって、それを解決する。その上で、もう一歩前に進みたい。否定はマイナス一歩で、それを肯定すると一歩進む。ここで差し引きすると0歩である。まだ進んではいない。そこで二歩目、すなわちもう一歩が必要になるわけだ。

医療に限らず、すべてのコミュニケーションにおいて、この発想が大切なのではないだろうか。ビジネスパーソンも同様だ。もっと前に進みたいが、マイナス一歩の問題は必ず起きる。昨今のように新型コロナウイルスでの収益減、マイナス一歩は今後も起きるだろう。マイナスからの一歩ではもとに戻るだけだ。二歩でこそ、もう一歩の前進となる。

再びＭ先生の登場だ。「あの歌の中に『休まないで歩け』ってあるでしょ。賛意の後押しを受けながら、一歩ずつ休まずに進みたいですね。１年３６５日、一歩ずつ」

山本御稔 やまもと・みとし

コア・コム研究所（株）フェロー、東京国際大学大学院客員教授、東京工業大学非常勤講師。行動経済学を用いた金融論、コーポレートファイナンスを担当。社会人向けのコミュニケーションセミナー等を500回以上実施。同志社大学卒、シカゴ大学MBA、九州大学博士課程満期退学。ペンシルベニア大学ウォートン校年金・キャッシュマネジメントコース修了。デロイト・トーマツ等を経て、2020年よりコア・コム研究所。著書に『プレゼンテーションの技術』（日本経済新聞出版）等多数。

日経プレミアシリーズ｜469

「あざとい」伝《つた》え方《かた》入門《にゅうもん》

二〇二二年一月七日　一刷
二〇二二年二月八日　二刷

著者　山本御稔
発行者　白石　賢
発　行　日経BP
日本経済新聞出版本部
発　売　日経BPマーケティング
〒一〇五―八三〇八
東京都港区虎ノ門四―三―一二

装幀　ベターデイズ
組版　マーリンクレイン
印刷・製本　凸版印刷株式会社

ISBN 978-4-532-26469-7　Printed in Japan

日経プレミアシリーズ 444

絶品・日本の歴史建築［西日本編］

磯 達雄・宮沢 洋

リノベーションの繰り返しで驚異の造形をつくり上げた「桂離宮」、急な断崖に絶妙なバランスで建立され900年も保持される「三仏寺投入堂」、「たかが住居跡」と舐めてかかると度肝を抜かれる「吉野ケ里遺跡」……。西日本に点在する名建築の味わい方を、建築に目の肥えた二名の著者が、文章とイラストで紹介。読めば旅行が楽しくなり、読めば旅行せずとも楽しめます。

日経プレミアシリーズ 457

絶品・日本の歴史建築［東日本編］

磯 達雄・宮沢 洋

あまりにぜいたくすぎる日本初の西洋風宮殿建築「迎賓館赤坂離宮」、日本オタクのイギリス青年が手掛けた「旧岩崎久彌邸」、バベルの塔のようならせん建築「会津さざえ堂」、建築というよりまるで美術品のような「中尊寺金色堂」……。北海道・東北・関東・中部、東日本に点在する名建築の味わい方を、建築雑誌出身、目の肥えた二名の著者が文章とイラストで紹介します。

日経プレミアシリーズ 438

地形と日本人

金田章裕

私たちは、自然の地形を生かし、改変しながら暮らしてきた。近年頻発する自然災害は、単に地球温暖化や異常気象だけでは説明できない。防災・減災の観点からも、日本人の土地とのつき合い方に学ぶ必要がある。歴史地理学者が、知られざるエピソードとともに紹介する、大災害時代の教養書。

日経プレミアシリーズ 453

安いニッポン 「価格」が示す停滞

中藤 玲

日本のディズニーランドの入園料は実は世界で最安値水準、港区の年平均所得1200万円はサンフランシスコでは「低所得」に当たる……いつしか物価も給与も「安い国」となりつつある日本。30年間の停滞から脱却する糸口はどこにあるのか。掲載と同時にSNSで爆発的な話題を呼んだ日本経済新聞記事をベースに、担当記者が取材を重ね書き下ろした、渾身の新書版。

日経プレミアシリーズ 467

地形で読む日本

金田章裕

立地を知れば歴史が見える。都が北へ、内陸へと移動したのはなぜか。城郭が時には山の上に、時には平地に築かれた理由。どのようにして城下町が成立し、どのように都市が水陸交通と結びついていったのか。地形図や古地図、今も残る地形を読みながら、私たちがたどってきた歴史の底流を追う。大好評の歴史地理学入門第2弾。

日経プレミアシリーズ 468

株式投資2022

前田昌孝

老後に備えて証券投資を始める人が急増している。日経平均も30年ぶりの高値水準だ。ただ、投資にまつわる通説には多くの勘違いや落とし穴がある。日経新聞のベテラン証券記者が、ESG投資、外国株、積み立て投資、プライム市場などのテーマを掘り下げ、株式投資の現実と楽しみ方を考える。